청소년·청년을 위한
평화·통일 교육교재

청소년·청년을 위한

평화·통일 교육교재 : 지도자용

펴낸 날 : 2023년 5월 10일 초판 1쇄

엮은이 : **평화드림포럼**

www.peacedream.org

펴낸 곳 : 올리브나무 ∥ 펴낸이 : 유영일

경기도 고양시 일산동구 정발산로 82번길 10, 705-101

신고번호 제2002-000042호

전화 070-8274-1226 팩스 031-629-6983

이메일 yoyoyi91@naver.com

ISBN 979-11-91860-25-2 03340

값 16,000원

청소년 · 청년을 위한

평화통일 교육교재

지도자용

평화드림포럼 아카데미 편

◀평화드림포럼

평화 · 통일 교육교재가 외연을 확장,
한반도 평화통일의 길 여는 데 일조하기를

은희곤 목사

‖ 평화드림포럼(PDF) 대표 및 이사장

1972년 중학교 3학년 기타를 처음 배우던 때. 마침 라디오에서 흘러나오는 한 노래가 가슴을 울립니다. 당시 '김민기' 님이 부른 '작은 연못'이라는 노래. 신학교 가서 전도사 시절에 주일학교 어린이들, 중 · 고등부 학생들, 대학 청년들과 함께 부르고 그 안에 담긴 의미를 '평화와 통일'로 풀어내며 나눴습니다. 그 가사는 이렇습니다.

깊은 산 오솔길 옆 자그마한 연못엔 지금은 더러운 물만 고이고 아무것도 살지 않지만 먼 옛날 이 연못엔 예쁜 붕어 두 마리 살고 있었다고 전해지지요. 깊은 산 작은 연못. 어느 맑은 여름날 연못 속에 붕어 두 마리 서로 싸워 한 마리는 물위에 떠오르고 그놈 살이 썩어들어가 물도 따라 썩어들어가 연못 속에선 아무것도 살 수 없게 되었죠. 깊은 산 오솔길 옆 자그마한 연못엔 지금은 더러운 물만 고이고 아무것도 살지 않죠.

이 노랫말은 우리가 살아가는 공동체에 대한 이야기입니다. '내가 사는 연못물이 썩어져 나도 살 수 없게 된다면 내가 이겼다는 것이 도대체 무슨 의미가 있겠는가?'라는 물음입니다. 남과 북이, 우리가 살아가는 한반도라는 연못 물이 깨끗해져야 남도 살고, 북도 살고, 한반도도 살 수 있다는 메시지를 나눕니다.

이러한 작은 몸짓으로 2021년 6월 25일. "6.25를 평화의 날로!" 선포하면서 '평화드림포럼'이 발걸음을 띄었습니다. '평화드림포럼'은 이름 그대로 평화를 꿈(dream, 드림)꾸고 나누는 포럼이고, 동시에 평화를 만들어 하나님께 '드리는'(드림) '마음과 실천', 그리고 온 세상이 평화로 '드리우기'(드림)를 함께 담아내고 있습니다.

1950년 6월 25일 동족상잔의 비극인 한국전쟁이 시작됩니다. 1953년 휴전 이후에도 반공의 프레임으로, 대립과 갈등 그리고 분열과 혼란의 프레임으로 그 잔존들이 우리를 아직도 여전히 괴롭히고 있습니다. 이제는 심적으로나, 사회적으로나, 역사적으로나 용기있게 분명한 한 번의 획이 필요합니다. 6.25는 기억하되 6.25가 우리 민족의 내일과 미래를 가로막는 장애가 되어서는 안 되고, 한반도 한민족 공동체의 걸음들을 계속 걸어야만 하는 우리들의 발목을 붙잡지도 말아야 합니다. 기억은 우리를 진보된 길로 이끌어갈 때 분명한 역사적 가치가 있습니다. 또한 더 이상 한반도에서 전쟁이 일어나서는 안 됩니다.

혹자는 국제정세와 질서 구조상 한반도에 전쟁이 다시 일어날 확률은 거의 없다고 단언하며 안심합니다. 그러나 이것이 아무리 근거있는 합리적 주장이라 할지라도 전쟁 확률 0.1퍼센트가 나의 주변들 모두인 나머지 99.9퍼센트를 철저하게 파괴하는 것이 전쟁이기에,

우리 한반도 땅에 다시는 더 이상 동족상잔의 비극이 일어나서는 안됩니다. 이를 남·북한 모두 함께 공감하여 평화를 연습하고 실천하며 동반성장의 꿈을 꾸어야 합니다.

그러기에 이제는 통일의 방법을 논하던 시대를 지나 평화를 담론으로 통일을 논하고 꿈꾸고자 합니다. 분쟁이 사라진 상태의 평화가 아니라 남과 북이 상생과 공존으로 상존하며 한반도의 번영을 함께 지향하는 평화로 말입니다. 남·북한 모두 UN 동시 가입국이란 현실을 직시하면서 남한 여권으로 북한을 마음대로 드나들 수 있고 북한 여권으로 남한을 자유롭게 방문할 수 있는 한반도 평화를 꿈꿉니다. 그리고 한민족의 미래 가치 유산인 '한반도 공동체 구상'으로 남·북한 모두의 동반성장을 이끌어 가야 합니다. 이를테면 공항을 하나 새로 지어도 남한만의 입지 조건에 따라 결정할 것이 아니라, 통일 전후를 바라보며 한반도 전체와 주변 세계를 아우를 수 있는 미래지향적인 지역을 선정하는 것입니다.

그리고 그때가 되면 서울에서 기차를 타고 신의주, 평양을 거쳐 중국, 러시아를 지나 유럽과 아프리카를 내달리며 함께 세계평화와 동반성장을 위한 족적들을 힘차게 내딛는 우리 백의민족 한민족을 그려보는 '한민족 웅비론', 우리가 후손들에게 물려줄 진정한 유산이 될 것입니다. 그날과 그 시간을 가슴 뛰게 그리고 뜨겁게 바라보면서 작은 날개를 펼쳐봅니다. 북한에도 손 내밀어 함께 이러한 꿈을 꾸며 이젠 "6.25를 평화의 날로!" 같이 선포하자고 '평화드림포럼'의 가슴을 활짝 열었습니다. 그리고 오늘도 역사 안에서 꿈꾸며 할 수 있는, 해야만 하는 작은 몸부림을 쳐봅니다.

그 작은 몸짓으로 2021년 6월 25일을 평화의 날로 선포함과 동시에 9월 6일까지 "평화드림 아카데미 세션 1"을 시작했습니다. 매주 월요일 오후 8:00~9:30까지 비대면 영상으로 8개 대학교의 11분의 교수들이 각자의 전공 부문에서 바라보는 한반도 통일을 평화로 논하는 시간을 가졌습니다. 이분들의 강의를 모아 『평화드림포럼 아카데미 1집. 평화로 통일을 논하다』를 발간하게 되었습니다. 바라기는 이번 책자가 남·북한 모두의 척박한 평화통일 생태계에 귀하고 적절한 자양분이 되기를 희망합니다. 또한 2022년 6월 25일에 "평화드림 아카데미 세션 2"가 진행되었습니다. 세션 2에서는 한반도 평화를 위해 각자의 현장에서 씨름하며 일하고 계시는 필드 사역 일꾼들을 모셔서 그들의 이야기를 듣고 함께 경험과 고뇌를 나누는 시간으로 계획, 실행했습니다.

이번에 『평화·통일 교육교재(5과)』가 청소년과 청년층을 대상으로 학습자용과 지도자용으로 발간됩니다. 한반도 주변 5개국 언어(한국어, 영어, 일어, 중국어, 러시아어)로 출간됩니다. 한반도 평화는 남·북한이 주도해야 함과 동시에 국제적으로도 공유되어야만 하기 때문입니다. 이는 그들의 언어로 함께 한반도 평화를 꿈꾸자는 초청입니다. 이러한 취지로 분단 이후 처음으로 5개 국어로 된 한반도 평화·통일 교육교재가 청년층들을 대상으로 발간되는 것입니다. 이어 2023년에는 중·고등학교, 2024년에는 초등학교, 2025년에는 장년부를 대상으로 연차적으로 평화·통일 교육교재를 매해 동일하게 4년을 1사이클로 추진, 발간하려고 합니다. 이를 통해 "한반도 한민족 평화일꾼"(Peace Maker, Peace Worker, Peace Ambassador) 그리고 한반도를 넘어 "세계 평화일꾼"의 발굴과 양성을 기대해 봅니다. 그동안 적지 않은 시간에 열정을 담아 교재 발간을 이끌어 주신 집필위원장 이광섭 박사,

집필자로 수고하신 1과 김경식 박사, 2과 양승준 박사, 3과 박성호 박사, 4과 박형서 박사, 5과 유미호 센터장 그리고 번역자로 수고하신 영어 Jacob Eun 목사, 중국어 문영걸 박사, 러시아어 유삼열 박사, 일본어 류수정 님 모두에게 깊이 감사드립니다.

매해 6.25를 평화의 날로 선포하면서 '평화드림포럼 아카데미'와 '평화 · 통일 교육교재' 사역의 시도들이 "남-남 갈등과 남-북 갈등"을 극복하고 분열 가운데 일치를 추구하며, 평화를 공동의 담론으로 외연을 확장하여 한반도 평화통일의 길을 열어나가는 데 일조하기를 바랍니다.

저희 평화드림포럼의 캠페인은 "언제든지(WHENEVER), 어디서 든지(WHEREVER), 누구든지(WHOEVER) ─3EVER"입니다. 상기 언급한 모든 자료는 언제든지, 어디서든지, 누구든지 저희 홈페이지 (www.peacedream.org)에서 다운 받아 사용할 수 있습니다. 홈페이지를 통해 시 · 공간의 벽을 넘어 한반도와 세계평화의 문제를 함께 풀어 가고픈 마음들이 모이기를 희망해 봅니다. 이를 위해서 기도해 주시고 배려와 격려 그리고 애정 가득 담은 아낌없는 조언도 바랍니다.

마지막으로 평화드림아카데미 이사로 수고해 주시는 UMC(미국연합감리교회) GBGM(총회세계선교부) 이사장이요 미국 위스콘신주 감독으로 섬기시는 정희수 감독, CBS 이사장과 꿈의 교회를 섬기시는 김학중 감독, 2000여 한국신학자들의 모임인 한국기독학회 직전 회장과 하늘빛 교회를 섬기시는 왕대일 박사, 주목받는 정치인에서 창조적 기업가로 변신하여 기업을 성공적으로 이끌고 계신 빅케어 남경필 대표, 하나님 앞에서 공의로운 변론에 힘쓰시는 권영실 더웨이 대표 변호사 그리고 감사로 협성대학교 대학원장을 지내시고 현재도 역사를 가르치시는 서영석 박사, 평화드림포럼 실무를 맡아 수고하시는 박진경 박사, 김주현 간사와 올리브 출판사의 이순임 박사께 감사의 마음을 전합니다. 그리고 『청소년·청년을 위한 평화·통일 교육교재』가 세상에 나올 수 있도록 출판 비용 전액을 흔쾌히 후원해 주신 저의 큰아들 델레오 은현빈 대표와 꿈을 잃지 않도록 늘 동행해준 아내 우경희 사모 그리고 공감의 길을 가며 함께 격려를 나누는 둘째 아들 은한빈 목사에게 더불어 깊은 감사를 드립니다.

모두에게, 한반도에, 세계에 주님의 평화가 가득하기를 빕니다.

이 땅에 평화로 찾아오시고 평화 그 자체이신 예수 그리스도를 묵상하며…

2023년 5월 1일

통일은 기나긴 과정, 그날을 가슴 벅차게 꿈꾸며

남경필 대표

‖ 빅케어 대표, 전 경기도지사 및 국회 외교통상위원장

우리의 소원은 통일
꿈에도 소원은 통일
통일이여 어서 오라
통일이여 오라.
우리의 소원은 통일
꿈에도 소원은 통일
이 정성 다해서 통일
통일을 이루자.
이 나라 살리는 통일
이 겨레 살리는 통일
통일이여 어서 오라
통일이여 오라.

어린 시절 배운 것은 평생을 갑니다.

배운 지 50년이 다 되어가는 이 노래, '우리의 소원'도 흥얼흥얼 입안을 맴돕니다.

요즘 있었던 일은 깜빡깜빡 까먹고, 어른이 되어 배운 노래는 가사 없이 한 곡도 제대로 부르지 못하는데요.

그래서 어린 시절의 교육은 아무리 강조해도 지나침이 없습니다.

이번에 발간되는 『청소년 · 청년을 위한 평화 · 통일 교육교재』는 세 가지 큰 의미를 갖습니다.

첫째, 이번 교재는 청소년 · 청년들을 대상으로 합니다.

청소년 · 청년들을 대상으로 하는 통일 교육, 아무리 강조해도 지나침이 없습니다. 특히, 요즘의 청소년 · 청년들은 저희 때 청소년 · 청년들에 비해 더 지적이고 또 민주적 소양도 더 갖추었습니다.

우리의 청소년 · 청년들은 "왜 통일을 해야 하지요?"라는 질문을 던집니다. 우리는 그들이 스스로 그 답을 찾아가도록 도와야 합니다. 『청소년 · 청년을 위한 평화 · 통일 교육교재』가 그 역할을 할 것으로 기대합니다.

둘째, 『청소년 · 청년을 위한 평화 · 통일 교육교재』는 한국어, 영어, 일어, 중국어, 러시아어 등 한반도 주변 5개국 언어로 발간됩니다.

이러한 교재의 발간은 분단 이래 처음 시도되는 일입니다. 이러한 탁월한 발상을 하신 평화드림포럼 은희곤 이사장님에게 존경과 감사의 마음을 전합니다.

남 · 북의 청소년 · 청년들이 꿈을 꾸고 미 · 중 · 일 · 러의 청소년 · 청년들은 우리의 꿈을 공유하게 하자는 비전, 우리의 가슴을 뛰게 합니다.

셋째, 통일은 긴, 긴 과정입니다.

2021년 '평화드림 아카데미 세션 1', 2022년 『청소년·청년을 위한 평화·통일 교육교재』 발간과 '평화드림 아카데미 세션 2' 그리고 4년을 1사이클로 사역을 추진하시는 평화드림포럼의 긴 호흡에 박수를 보냅니다.

10년 후, 20년 후, 평화드림포럼의 미래 모습이 기대됩니다. 어느 날 통일의 문이 빼꼼이 열리며, 통일이 도둑처럼 다가올 겁니다.

그때 빼꼼히 열리는 그 문을 "확" 열어젖히는 일은 우리 청소년·청년들, 즉 미래 지도자들의 몫입니다.

그리고 그 문을 "쾅" 닫아 버리려 하는 미·중·일·러의 세력을 최소화하는 것은 우리와 미래 지도자들의 몫입니다.

이번 『청소년·청년을 위한 평화·통일 교육교재』 발간을 계기로 그 가슴 벅찬 날을 꿈꾸어 봅니다.

2023년 5월

'통일에서 평화로의 전환'을 선언하는 행동강령

원영희 회장
‖ 한국기독교여자청년연합회(YWCA)

러시아 침공으로 시작된 우크라이나 본토에서의 전쟁 소식을 들으며, 한반도에서 러시아와 미국이 힘을 겨룬 한국전쟁이 떠오릅니다. 그때, 파괴되는 도시들과 죽어가는 시민들을 바라보며 많은 사람이 기도했으리라. 한반도 곳곳에서 파괴가 자행된 한참 후에야 유엔군이 들어와 더 극렬한 전투가 일어나고 엄청난 희생 끝에 휴전 시대가 시작됐습니다. 우크라이나 대통령이 끝까지 싸우겠다는 이유는 아마도 우리 한국이 "열강들의 결정으로" 전쟁을 그치고 휴전이 되어, 그 상태가 70년을 넘어가고 있는 걸 알기 때문이 아닐까요? 지금도 우크라이나를 위해 우리는 구호금 보내고, 기도하는 것 외에 무엇을 할 수 있나요? 지구촌의 평화를 갈구하고 지키고 싶지만, 강대국들의 탐욕과 이권 쟁탈, 전쟁 무기 실험 등으로 속절없이 파괴되는 약소국들의 평화를 바라보면서 이웃인 우리는 여전히 70년 전의 도움 정도밖에 줄 수가 없어 답답합니다. 그것도 양쪽 거대 열강의 눈치를 보면서 말입니다.

그래서 평화드림포럼에서 펴낸『청소년·청년을 위한 평화·통일 교육교재』를 만남이 감사합니다. "청소년·청년을 위한"이란 전제로 인해 더 감동합니다. 5개 외국어로 번역한다는 목표 또한 든든합니다. 지구촌 평화는 지구촌 전체가 지켜야지 한국만 소리 높여 외친다고 이뤄지는 꿈이 아니니 말입니다. 이미 수많은 서적이 나와 있는 "평화와 통일"이 주제인 만큼 전 세계 독자들을 설득하기가 쉽지 않은데, 평화드림포럼(PDF) 대표 은희곤 이사장이 펴낸 이 책은 반복되는 침탈의 현실 속에 계속 흔들리는 지구촌의 평화, 한반도의 평화 구축을 위해서 새로운 지평을 열어주는 교재라서 쉽게 빠져듭니다. 게다가 지도자용 매뉴얼이 함께 출판되어 '평화'를 위해서 한결 구체적인 행동강령을 준비할 수 있습니다.

평화와 통일을 위한 이 특별한 교재를 살펴보며, 과연 우리 정부, 그리고 특별히 '우리들의 평화운동은 지난 70여 년간 왜 그리 무력감만 주었는가?' 하는 반성을 할 수밖에 없었습니다. 휴전협정 이후, 종전이 안 되었다는 이유로, 지난 70여 년간 가장 피를 토하는 슬픔을 떠안겨준 이산가족의 슬픔에 우리는, 아니, 특별히 사랑 실천을 매 주일 새롭게 깨닫는 그리스도인들은 저들의 비통함에 얼마나 민감했던가요?

집권당이 바뀔 때마다 바뀌어 버린 통일 정책이 과연 진정한 한반도의 평화를 위한 정책이었던가? 당리당략으로 어느 때는 '퍼준다'는 소리가 들리고, 어느 때는 바로 북쪽 60만 명의 주민이 굶어 죽는데도 '절대 못 도와준다'고 합니다. 그러다 보니 이제는 한반도 어느 누구도 통일을 원하지 않는 듯한 착각에 빠질 정도로 지난 수년간 무력한 통일 정책을 폈다 접었다 해왔습니다. 결국 같은 목적으로 정부를 향해 통일을 외치면서, 한쪽은 상대를 '종북세력'이라 규정하고 다른 쪽은 또 이쪽을 '극우 반공세력'이라 폄훼하게 되는 상황을 부르고 말았습니다. 서로에게 상처만 주고, 같은 방향을 바라보면서도 전혀 다른 방식에 적대감을 부채질하는 현실입니다. 광화문 광장을 지나는 대중들, 특히, 마음속에 아직도 이산가족의 뼈아픈 눈물을 기억하고 있는 시민들은 이제, 두 편으로 갈라진 통일 활동가들의 부르짖음에 더 이상 설득당하지 않게 되고 말았습니다.

『청소년·청년을 위한 평화·통일 교육교재』는 일반 시민들, 특히 그리스도인들이 통일에 대한 회의론을 마침내 접도록 이끌기 위한 용기 있는 패러다임 전환으로, '통일에서 평화로의 전환'을 제언하는 선언서입니다. "평화를 담론으로 하여 통일을 논하는" 평화 학습서이며, "분쟁이 사라진 상태의 평화가 아니라 남과 북이 상생과 공존하며 한반도의 번영을 함께" 일궈 나아가자는 "한반도 공동체 구상"의 선포입니다. 더군다나 5개 국어로 번역되고, 또 다양한 학습 대상 별로 출판합니다.

각 과의 학습 주제도 "평화의 시작, 개인과 공동체의 평화, 국가와 국가의 평화, 남·북한의 평화, 자연과 인간의 평화로운 공존"으로, '나'로부터 시작하는 평화 인식이 공동체와 국가, 그리고 민족의 경계를 넘어 자연에 이르기까지 폭넓게 평화 담론의 지경을 확장합니다. 현실적 요구나 정당정치 중심으로 흔들거리는 통일 담론이 아니라, 평화로운 하나님 나라를 이 땅에 이루는 미래지향적이고 포괄적인 평화로 가는 길, "서로 해치거나 파괴하지 않는 길"을 말씀을 기반으로 묵상하기를 원하고 있습니다. 그렇기에 대화 중 침묵도 귀한 나눔의 방식 중 하나가 되며, 자연스럽게 "평화를 담론으로 하여 통일을 논하는" 평화 학습의 길을 열어주는 교재가 되리라 생각합니다.

21세기 현재, '아노 도미니'(Anno Domini), 예수 오신 지 2022년이 지난 현재, 지구촌 곳곳에 흔들리는 평화의 현장들을 바라보며, 부활하신 예수님이 제자들에게 오셔서 가운데 서서 이르신 첫 말씀이 새롭게 다가옵니다. "너희에게 평강이 있을지어다."(요 20:19, 개역개정)

…came Jesus and stood in the midst, and saith unto them, Peace be unto you. (John 20:19b in King James Version)

'평강'(Peace)을 떠올리며 지극히 위로를 받는 요즘입니다. 『청소년·청년을 위한 평화·통일 교육교재』가 통일을 위한 평화의 소중함을 각성케 해주는 귀한 선언이 되리라 믿기에 추천의 글을 올리며, 지구를 휘돌아 지속적으로 널리 퍼져 나아가길 기대합니다.

2023년 5월

목 차

평화 · 통일 교육교재를 준비하는 진행자에게

이광섭 목사

‖ 평화 · 통일 교육교재 집필위원장(전농감리교회 담임)

평화와 통일은 매우 의미 있는 주제입니다. 진지하게 고민해보고 배우고 도전을 받으면서도 이야기가 너무 무겁게 흘러가지 않도록 하는 것이 중요합니다. 무엇보다도 진행자가 먼저 이 주제에 관해서 열린 마음을 가지고 접근해야겠습니다. 활동에 앞서서 한 번 읽어주세요.

1) 이 교재는 개인과 개인, 공동체와 공동체, 국가와 국가, 자연과 인간 그리고 더 나아가 남과 북의 평화와 세계 평화를 위한 상호 지지와 신뢰를 형성하기 위한 교육을 위해 쓰였습니다.

2) 진행자가 먼저 지도자용 교재를 차분하게 읽어보고 그 내용을 이해하는 것이 중요합니다. 각 과의 박스 안에는 학습자용 교재의 내용을 그대로 실어 놓았습니다.

3) 교육을 진행할 때에는 평화를 이끌어내는 '원형 대화모임의 진행방식'(='서클 프로세스')으로 하는 것을 원칙으로 합니다. 모든 참여자가 둥글게 모여 앉아서 주제에 대한 자신의 생각과 느낌을 솔직하게 표현할 수 있도록 편안한 공간을 마련합니다.

서클의 지혜와 가치 :

모든 참여자의 현존과 존엄성을 존중하기

모든 참여자의 기여를 소중히 여기기

모든 참여자의 상호 연결됨을 강조하기

정서적이고 영적인 표현들을 지원하기

모두에게 동등한 목소리를 허락하기

공동의 지혜를 통해 앞으로 나아갈 길이나 과제를 실현하기

평등, 공감, 기여의 참여형 리더십을 모두에게 허락하기

4) 생각과 느낌을 나눌 때는 서로 존중하는 태도가 필수적입니다. 특히 나와 다른 입장에 대해서도 경청할 수 있도록 분위기를 조성하며 논의를 이끌어가야 합니다.

5) 모둠별 토론을 진행하기 전, 각 모둠 진행자와, 시간지킴이(타임키퍼), 그리고 나누는 이야기를 요약해서 전할 이를 먼저 정합니다.

6) 무리하게 어떤 합의나 결론을 도출해 내거나 교훈적 메시지로 배움이 단순화되지 않도록 마무리하는 과정까지 주의를 기울입니다.

7) 이 교재는 개인의 삶에서 나타나는 구체적인 활동과 평화공동체를 세우는 일을 목표로 삼기 때문에 평화교육은 이론적인 토론에 머물기보다 실제적인 삶의 적용('삶 속으로' 참조)으로 이어져야 합니다. 더 나아가서는, 다섯 과를 모두 공부한 후, 실제로 어떤 변화가 있었는지를 그 이후에 서로 나누는 시간으로 이어질 수 있다면 좋습니다.

8) 온라인 모임으로 진행할 경우, 화상모임 플랫폼은 'ZOOM'을 기준으로 하며, '화면 공유', '소회의실' 기능을 확인합니다. 교육 전, 충분한 여유를 가지고 프로그램 기능을 파악하고 점검합니다.

『청소년·청년을 위한 평화·통일교육교재』 요약

	1과	2과	3과	4과	5과
제목	평화의 시작	개인과 공동체의 평화	국가와 국가의 평화	남북한의 평화	자연과 인간의 공존
	우리는 존엄하고 평등합니다	다름이 틀림은 아닙니다	소통과 공감의 자리가 평화를 만듭니다	우리는 선(線)을 넘어 만나야 합니다	자연과의 공존이 평화를 부릅니다
	마음 열기 /	생각 쌓기 /	생각에 날개 달기 /	삶에 접속하기	
주제	• 평화의 시작 • 평등하고 존엄한 인간 이해 • 서로가 기 맞추기 • 먼저 온 미래, 탈북민들에게 손 내밀기	• 개인과 공동체의 갈등 • 이기주의와 전체주의 • 주체적 개인과 개방적 공동체	• 평화의 자리 • 평화 vs 분쟁 • 소통과 공감 = 평화의 출발점	• 마음의 분단선 • 마음의 통일 • 독일의 재통일 경험 • 민족화해 • 교류 협력	• 평화가 머무는 곳, 접경지역 • 서로에 대한 배려로 시작되는 공존 • 남북 기후 협력 • 일상에서 자연과 평화롭게 공존하기
실천 과제	• 탈북민 유튜브 채널 검색 보기 • 북한말로 일기 써 보기 • 탈북민 학생들을 위한 자원봉사 프로그램에 참여해 보기	• 포토 스탠딩 • 심층 토론 • 피라미드 토론	• 소통·공감 프로젝트 만들기 • 비정부기구 돕기 • 한반도 평화 캠페인	• 교류 협력/평화 아이디어 나누기 • 마음의 분단선 극복 • 실천하기	• 지구돌봄서클 • 남북 기후협력 상상하기 • Do & Don't & Share

집필 및 번역진 프로필

집필진

■ 제1과 : **김경식** 박사는 감리교신학대학교(B.Th.)와 이스라엘 히브리대학교(M.A.)를 졸업하였고, 이스라엘 바르일란대학교에서 박사학위(Bible, Ph.D.)를 받았다. 현재 캄보디아 감리교신학교와 감리교신학대학교에서 강의하고 있다.

■ 제2과 : **양승준** 박사는 협성대학교(B.Th.)와 협성대학교 대학원(M.A.)을 졸업하였고, 미국 세인트폴신학대학원(D.Min.)과 협성대학교 대학원(Ph.D.)에서 박사학위를 받았다. 현재 세종대학교에서 교목으로 재직하고 있으면서, 대양휴머니티칼리지에서 교양과목을 강의하고 있다.

■ 제3과 : **박성호** 박사는 연세대학교(B.A.)와 감리교신학대학교 대학원(M.Div.)을 졸업하였고, 독일 튀빙엔대학교 개신교 신학부에서 박사학위(Dr.theol.)를 받았다. 현재는 감리교신학대학교 신약학 조교수로 재직하고 있다.

■ 제4과 : **박형서** 박사는 감리교신학대학교(B.A.)와 감리교신학대학교 대학원(Th.M.)을 졸업하였고, 숭실대학교 일반대학원 기독교통일지도학과에서 박사학위(Ph.D.)를 받았다. 현재 숭실대학교 기독교

통일지도자훈련센터 전문위원으로 활동하면서, 신정교회 담임목사로 시무하고 있다.

■ 제5과 : **유미호** 센터장은 연세대학교(B.Th.)와 연세대학교 대학원(Th.M.)에서 수학하였고, 현재 한국기독교교회협의회 생명문화위원, 예장통합 기후위기위원, 기독교환경운동연대 자문위원, 서울시 에너지정책위원으로 활동하면서, 기독교환경교육센터 살림 코디네이터 및 센터장으로 재직하고 있다.

평화 · 통일 교육교재 자문위원

■ **서영석** 박사는 감리교신학대학교(B.Th.), 감리교신학대학교 대학원(Th.M.), 미국 클레어몬트 신학대학원(M.Div./D.Min.), 호서대학교 대학원(Ph.D.)에서 박사학위를 받았다. 현재 한국교회연구소 소장, 상동교회 민족교회연구소 소장을 역임하며, 협성대학교 교수로 재직하고 있다.

■ **박진경** 박사는 감리교신학대학교(B.A.)와 보스턴대학교 신학대학원(M.Div.)을 졸업하였고, 미국 프린스턴 신학대학원에서 석사학위(Th.M.)와 박사학위(Ph.D.)를 받았다. 현재 감리교신학대학교와 호서대학교 대학원에서 강의하고 있다.

번역진

■ **은한빈** 목사는 University of Connecticut(B.A.), Drew University (M.Div.), Princeton Theological Seminary(Th.M)를 졸업하였다.

현재 First United Methodist Church of Wallingford 담임목사로, Yale New Haven Hospital 원목(chaplain)으로 시무하고 있다.

■ **문영걸** 목사는 목원대학교 대학원(Ph.D.)과 중국 베이징대학교 (Ph.D.)에서 박사학위를 받았고, 기독교대한감리회 중국 선교사로 활동하였다. 현재 미도중국선교연구소 소장으로 시무하며, 제주반석교회 담임목사로 시무하고 있다.

■ **유삼열** 목사는 러시아 로스토프 대학교(학사), 감리교신학대학교 대학원(M.Div.)을 졸업하였고, 미국 미네소타 신학대학원에서 박사학위(D.Min.)를 받았다. 현재 온누리 M센터, 안산 러시아 공동체 담당 목사로 시무하고 있다.

■ **유수정**은 일본(효고현) 4년제 사립대학교를 졸업하고, 일본 현지 무역회사에 재직하였다. 한국 귀국 후, 다양한 단기 번역 프로젝트에 참여하였고, 현재 사단법인 bbb 코리아 일본어 통역봉사자로 활동하고 있다.

제1과

평화의 시작

우리는 존엄하고 평등합니다

1. 마음 열기—차별과 편견의 시선

북한이탈주민 친구들의 이야기 (6분)

접속 2023. 3. 2.
https://www.uniedu.go.kr/uniedu/home/pds/pdsat
cl/view.do?mid=SM00000532&limit=20&eqOdrby=f
alse&eqViewYn=true&odr=news&hd=TM_10_30&id
=20188&ty=&vw=img&odr=news

　　함께 이야기를 나누기 전에, 먼저 위의 영상을 함께 시청해 봅니다. 위 영상에서 지난날 북한을 탈출하여 남한에 정착하게 된 탈북 청소년 학생들이 남한으로 오기까지의 힘겨운 여정과, 또 남한에 정착하고 난 이후에 겪었던 차별과 편견의 경험을 진솔하게 고백하고 있는 것을 볼 수 있습니다. 이제 함께 이야기를 나눠 봅니다.

　　① 위 영상 속에서 학생들이 나눈 대화 가운데 기억에 남는 말은 무엇입니까?

② 탈북 청소년들이 남한에 와서 차별과 편견의 시선을 경험하는 이유는 무엇입니까? 내가 생각하는 북한 주민들에 대한 이미지는 어떠합니까?

③ 평화에 대한 이야기를 본격적으로 나누기 전에 자신이 생각하는 '평화란 무엇'인지에 대한 생각을 함께 나눠 봅니다.

먼저 위의 영상에서 이야기를 나누고 있는 탈북 청소년들의 경험담을 통해, 이들이 탈북 과정과 남한 사회에서의 정착 과정에서 겪었던 어려움이 무엇인지 생각해 봅니다. 남한 사회 내의 탈북민들 문제는 한반도 평화 문제의 축소판이라 할 수 있습니다. 때로, 우리가 거대 담론으로 한반도 평화통일을 외치기도 하지만, 정작 남한 사회에 정착한 탈북민들에 대해서는 무관심한 우리의 모습을 돌아볼 필요가 있습니다. 이 영상을 통해 평화와 통일의 길은 멀리 있는 것이 아니라, 바로 우리 주변으로부터 시작해야 함을 상기하도록 하는 것이 본 마음 열기의 목적입니다.

여기서 우리가 생각해봐야 할 것은 바로 우리 내에 존재하는 차별과 편견에 관한 문제입니다. 이미 많은 탈북민이 우리 주변에서 살아가고 있지만, 여전히 많은 이들은 우리 사회 속에서 큰 어려움을 겪고 있습니다. 통일문제에 있어서도 여전히 우리는 우리 중심의 사고방식으로 접근하고, 다른 한쪽은 무조건 틀렸다는 생각을 할 때가 많이 있습니다. 우리는 자주 **다름과 틀림을 혼동**하곤 합니다. 분명히 북한 주민들과 우리는 다릅니다. 하지만 다르다고 해서 이들의 사고방식과 삶의 방식 자체가 틀렸다고 정의하면, 여기서 차별과 편견이 초래될 수밖에 없습니다. 따라서 평화는 상대방을 있는 그대로 이해하고 용납하는 데에서 시작됨을 기억해야 하며, 다름을 이해하고 받아들임으로써 다른 이들과 함께 살아갈 수 있는 길을 모색해 나가야 합니다.

위 영상은 탈북 학생들이 우리 사회에서 경험했던 차별과 편견, 그리고 생사를 넘는 탈북의 경험들, 그리고 탈북 학생들과 남한의 학생들이 서로의 다른 점을 이해하고자 노력하는 과정을 담고 있습니다. 이 짧은 영상을 통해 우리가 그동안 간과하고 있었던 차별과 편견의 문제에 대해 생각해 봅니다.

본 영상을 함께 시청하고 난 다음, 학습자들에게 주어지는 질문은 3개입니다. 이 질문들은 학습자들로 하여금 우리가 미처 인지하지 못했던 차별과 편견, 그리고 무관심의 모습을 바라보게 하고, 나아가 평화란 서로에 대한 올바른 이해와 관심에서 시작된다는 점을 안내하기 위함입니다. 교재의 첫 과를 열면서 이러한 질문들에 대해 자유롭게 이야기를 나눔으로써 교재 전체가 전달하려고 하는 주제, 즉 평화에 대한 관심과 생각이 자연스럽게 배어나게 할 수 있도록 인도해 주시기 바랍니다.

먼저 첫 번째 질문을 갖고 영상 속의 학생들이 서로 대화를 나누면서 주고받은 말들 가운데 기억에 남는 말들이 무엇인지 함께 이야기를 나눠 봅니다. 예를 들면 '사람이 통일되어야 한다'라는 어떤 학생의 말은 통일이 두 국가의 물리적인 결합 이상의 본질적인 사람들 사이의 연합과 공감이 필요함을 보여주고 있습니다. 그리고 두 번째 질문을 갖고 탈북 청소년들의 편견과 차별의 경험을 통해 우리 생각과 시선을 돌아보게 합니다. 우리는 어떤 렌즈를 통해 다른 이들을 바라보고 판단하고 있는가에 대해 함께 생각해보게 하고, 북한 주민들뿐만 아니라 자신과 다른 생각을 갖고 있는 이들에 대해 우리 스스로가 어떻게 반응하는지를 이야기해 봅니다. 그리고 마지막 질문은 본 교재 전체를 여는 질문이기도 합니다. 차별과 편견이 있는 곳에서 어떻게 평화의 길을 열 수 있을지에 대한 생각을 함께 나누어 봅니다. 이 질문의 중요한 방향성은 차별과 편견을 극복하는 길이 다른 이들을 존엄한 자로 인정하고, 우리 모두가 평등한 존재임을 깨달아야 한다는 점입니다. 이를 통해 다름을 인정할 수 있고, 다름을 인정하는 가운데 피상적인 통일이 아니라 진정한 마음의 통일이 시작될 수 있을 것입니다.

2. 생각 쌓기

'평화'란 무엇일까요? 자신이 생각하기에 평화와 비슷한 단어들을 왼편에, 그리고 평화와 반대되는 단어들을 오른편에 넣어 봅니다.

유의어	평화 平和 (관계성)	반의어

위 표에 넣은 단어들을 보면서 자신이 생각하는 평화에 대한 보다 깊은 이야기를 함께 나눠 봅니다. 우리가 적어 넣은 단어들을 통해

평화를 이루는 길에 대한 힌트를 얻을 수 있을까요?

아래의 그림은 한국행정연구원에서 실시한 "사회갈등의 원인 인식"에 대한 설문조사 결과를 도식화한 도표입니다.[1] 아래의 그림에 나타난 갈등의 원인에 대한 항목들은 모두 평화와 반대되는 개념들이라 할 수 있습니다. 우리가 위 표에 적어 넣은 평화와 반대되는 개념들과 아래 항목들을 비교해 보고, 평화를 위해서 우리가 극복해야 할 문제는 무엇인지 생각해 봅니다.

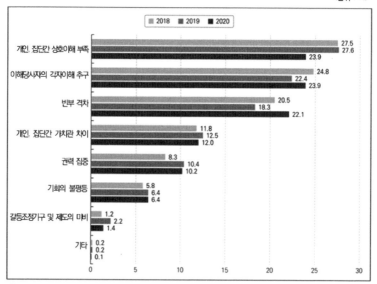

사회갈등의 원인 인식 차이

(단위 : %)

주 : 1순위 응답 비율

생각 쌓기에서는 평화에 대한 보다 구체적인 이야기를 나누게

---

1) "2020년 사회통합실태조사," 한국행정연구원 (2021.1.), p.70.

됩니다. 평화라는 말 그 자체는 매우 일반적이고 추상적으로 들리기 마련입니다. 그래서 생각나는 대로 평화라는 단어와 유사한 단어들, 그리고 반대되는 단어들을 떠올려보고 이 단어들을 나열하게 합니다. 그리고 각자가 나름대로 정리한 표를 통해 좀 더 구체적으로 평화가 의미하는 바가 무엇인지 함께 이야기해 봅니다.

"평화"라는 단어를 사전에서 찾아보면 이와 유사한 단어들로 화평, 화합, 화목 등이 제시되고 있고, 이와 반대되는 단어들은 혼란, 분열, 전쟁 등으로 제시되어 있습니다. 즉, 평화란 다른 이들과 화합하고 연합할 때에 이루어질 수 있는 것이고, 평화가 부재한 상황 속에서 결국 상호간의 갈등과 분열이 일어나게 됩니다. 이를 통해 볼 때, **평화는 근본적으로 상호간의 관계성에 기반**하고 있음을 알 수 있습니다.

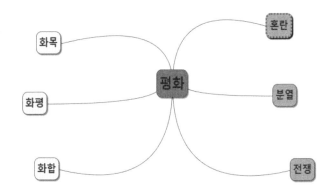

그리고 학습자용 교재에 제시된 한국행정연구원에서 실시한 "사회 갈등의 원인 인식"에 대한 설문조사 결과표를 함께 살펴봅니다.

여기서 중요한 것은 설문에 참여한 사람들 스스로 갈등의 근본 원인이 상호간의 이해 부족과 이기심 때문이라는 것을 인지하고 있다는 점입니다. 결국 이러한 상호간의 이해 부족과 이기심은 곧 차별과 무관심으로 이어지게 됩니다. 다른 이들을 고려하지 않고 자기 자신만의 생각과 입장을 고수하는 모습이 평화를 깨는 모습임을 생각해 보고, 우리에게 이러한 모습이 있지는 않은지 질문하게 합니다.

이번에는 평화의 문자적인 의미와 우리가 위 표에 적어 넣은 평화와 유사한 단어들과 개념들을 통해 우리가 평화를 위해 추구해 나가야 할 가치가 무엇인지 생각해 봅니다.

1) 평화의 문자적 의미

먼저, 평화의 문자적인 의미를 통해 평화의 본질적인 의미와 그 가치가 무엇인지를 함께 생각해 봅니다.

平 : 균형

和 : 어우러짐

위 한자어의 의미에서 우리가 배울 수 있는 평화란 서로가 균형을 이루어 함께 어우러진 상태를 가리킵니다.

2) 관계성—평등, 존중, 이해

평화는 그 단어 자체가 잘 표현하고 있는 것처럼 모든 이들의 동등하고 조화로운 '관계성'이 그 출발점이라 할 수 있는데, 여기에는 우리 자신과 상대방에 대한 존중과 이해가 그 바탕이 되어야 합니다.

위 표에서도 볼 수 있듯이 사회의 주요 갈등이 타인에 대한 이해 부족과, 이기심, 그리고 서로 간의 차이를 인정하지 못함에서 발생했다고 우리 스스로가 인식하고 있는 것을 알 수 있습니다.

3) 존엄하고 평등한 인간 이해를 통한 갈등의 극복

그렇다면 우리 안에 존재하는 갈등을 극복하고 진정한 평화를 정착시키는 길은 무엇일까요? 그것은 바로 우리의 외적인 모습과 여건에 관계없이 우리는 모두 존엄하고 평등한 존재임을 깨닫는 데에 있습니다. '너'와 '나'를 구별하기보다는 서로의 가치를 인정할 때, 비로소 평화가 시작될 수 있을 것입니다. 그렇다면 우리는 어떤 존재입니까?

그다음으로 평화라는 말 그 자체가 가지고 있는 문자적 의미와 그 의미 안에 내포되어 있는 평화의 중요한 방향성에 대해 생각해봄으로써 진정한 평화를 이루어 내는 길이 무엇인지를 생각해보게 합니다. 위에서 보았듯이 평화란 서로의 균형을 이루는 가운데 이루어집니다. 그러나 이러한 균형은 억지로 만들어질 수 있는 것은 아닙니다. 강제적인 균형은 무리한 획일화를 초래할 뿐입니다.

사람들은 다 동일할 수는 없습니다. 각자의 다양한 환경과 이해관계 속에서 어떻게 기계적인 균형을 이루어 나갈 수 있겠습니까? 그보다 우리는 서로의 다양성과 다름을 포용하고 인정하는 자세를 갖추어

나가야 합니다. 우리가 깨달아야 할 것은 우리 모두 어떤 상황에서도 차별받아서는 안 되고, 우리가 가진 고유한 권리를 침해받아서도 안 되는 존엄한 존재라고 하는 사실입니다. 이것이 본 과에서 강조하고자 하는 평화의 첫 번째 단계입니다. 이제 이를 더욱 구체화하여 생각해 봅니다.

3. 생각에 날개 달기―인간의 존엄성과 평등 실현을 위한 방향성

여기에서는 우리 존재의 의미가 무엇인지 역사와 철학적인 관점에서 생각해 봅니다. 우리가 질문해야 하는 것은 지난날 일구어 온 평등과 인간 존엄의 가치가 여전히 우리 가운데 잘 지켜지고 있는가 하는 것입니다.

1) 우리는 어떠한 존재인가?

먼저, 계급 사회구조와 평등 사회구조를 상징하는 두 그림을 보고, 각 사회구조가 추구하는 사회적 가치의 방향성과 그 가운데에서 받아들여지는 인간 이해에 대해 함께 생각해보게 합니다.

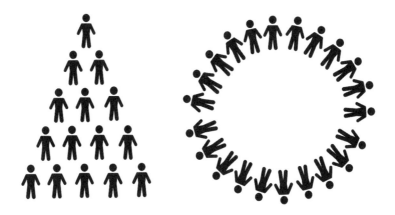

위 두 그림을 '관계'의 차원에서 생각해 봅니다.

— 각각의 그림은 어떠한 관계성을 표현하고 있습니까?

— 그리고 각 사회구조 속에서 인간의 가치는 어떻게 생각되었을까요?

　　인간이란 어떤 존재입니까? 이에 대한 답은 각자가 처해 있는 시대상과 가치관에 따라 다를 수 있습니다. 절대 권력이 존재하고 사람들 사이에서의 계급과 차별이 당연시되는 과거의 권위적인 사회구조 속에서 살았던 많은 이들은 스스로를 독립적이고 주체적인 존재라 여기지 못했을 것입니다.

　　우리 인류의 역사는 우리가 존엄하고 평등한 존재임을 자각하고 깨닫는 방향으로 발전해 왔습니다. 그러나 이는 아무런 대가 없이 거저 이루어진 것은 아니었습니다. 자유와 평등을 쟁취하기 위해 50만 명이 희생당했던 과거의 프랑스 혁명의 역사를 통해 볼 수 있듯이 인간 본연의 가치 회복은 많은 이들의 희생 위에 정착되어 왔습니다.

계급 사회는 소수의 권력자들의 이익을 위해 다수가 당연히 희생해야 한다는 가치를 가르치고, 또한 강제합니다. 이러한 사회구조 속에서 인간의 가치는 지위나 계급에 따라 달리 적용됩니다. 따라서 이러한 사회 속에서 사람들은 더 높은 계급과 더 큰 힘을 차지하기 위해 끊임없이 싸우고 투쟁하게 됩니다. 이러한 사회구조 속에서 우리는 진정한 평화를 발견할 수 있을까요?

그러나 평등한 사회는 공동체 전체가 함께 안녕을 이루어 갈 수 있는 방향을 모색합니다. "함께"라는 말은 공동체의 구성원 모두가 동등하고 존엄한 존재라는 인식을 함축하고 있습니다. 그래서 소위 근대 국가의 탄생을 야기했던 역사 속의 주요한 인권 선언문들은 바로 이러한 인간 본연의 가치를 강조하고 있습니다.

우리는 스스로를 어떤 존재라고 생각하고 있습니까? 인류의 역사 속에서 근대 국가의 탄생에 중요한 역할을 하였던 역사 속의 선언문들 일부를 읽어보고, 다음의 질문들에 대한 생각을 함께 나누어 봅니다.

> 우리는 다음과 같은 사실을 자명한 진리로 받아들인다. 즉 모든 사람은 평등하게 창조되었고, 창조주는 몇 개의 양도할 수 없는 권리를 부여했으며, 그 권리 중에는 생명과 자유와 행복의 추구가 있다. (독립선언, 미국, 1776.7.4)
>
> 모든 인류 구성원의 천부의 존엄성과 동등하고 양도할 수 없는 권리를 인정하는 것이 세계의 자유, 정의 및 평화의 기초이며, 인권에 대한 무시와 경멸이 인류의 양심을 격분시키는 만행을 초래하였으며,

인간이 언론과 신앙의 자유, 그리고 공포와 결핍으로부터의 자유를 누릴 수 있는 세계의 도래가 모든 사람들의 지고한 열망으로서 천명되어 왔으며, …(세계인권선언, UN, 1948.12.1.)

— 위 선언문들이 강조하고 있는 인간의 정체성은 무엇입니까?
— 위 선언문들에서 공통적으로 강조되고 있는 자유, 평등, 그리고 권리 등의 가치가 의미하는 것은 무엇입니까? 우리는 이러한 가치를 충분히 누리고 있습니까?

그러나 안타깝게도 모든 이들이 우리 사회가 이러한 가치들을 온전히 지켜내고 있다고 생각하는 것은 아닌 것 같습니다. 때로 우리는 남들과 동일한 출발점에 서 있지 못하다고 느끼는 때가 있기도 합니다. 일상생활 가운데 내가 존중받지 못하고, 차별받고 있다고 느끼는 때가 있습니까?

학습자들과 함께 교재에 제시된 역사 속의 선언문들의 일부를 함께 읽고 우리 역사 속에서 이루어 왔던 인간 존엄과 평등의 가치에 대해 생각해 봅니다.

소위 근대 민주주의 국가는 바로 위와 같은 선언문들의 정신 위에 세워졌습니다. 그러나 여전히 현실은 여의치 않습니다. 평등과 인간 존중의 가치 위에 근대 민주 국가들이 세워졌다고는 하지만, 그 사회 속에서 살아가는 많은 이들은 여전히 이 사회가 평등하다고 생각하지 않기 때문입니다. 그 이유에 대해 계속해서 함께 생각해 봅니다.

2) 우리가 경험하는 차별과 불평등의 문제

이 부분에서 우리가 나누어야 할 생각은 남한과 북한의 주민들이 모두 차별과 불평등의 문제에서 자유롭지 못하다는 점입니다. 북한 사회와 관련하여 가장 많이 대두되는 문제가 바로 인권의 문제입니다. 대다수의 북한 주민들은 엄격한 감시와 통제 속에서 살아가고 있습니다. 북한의 인권 문제와 관련된 여러 측면들이 있지만, 그 가운데에서 계층 문제와 관련하여 생각을 함께 나누어 보도록 합니다.

흔히 우리는 북한의 체제 아래에서 많은 북한의 동포들이 인간의 기본권을 보장받지 못한 채 살아간다고 생각하고 있습니다. 아래의 북한의 주민 계층 및 성분 분류표는[2] 북한 사회 내에 존재하는 차별과 불평등의 일면을 보여주고 있습니다.[3]

---

2) 북한의 성분은 부모의 직업과 신분에 따라 주어지게 되는 출신성분과 자신의 직업과 신분에 따라 결정되는 사회성분으로 구분된다. 그리고 북한의 주민들은 바로 이 성분에 기초하여 계층별로 구분되는데, 당이 믿고 같이 갈 사람인지, 아닌지에 따라 암묵적으로 계층이 구분된다고 한다. 현인애. 2008. "북한의 주민등록제도에 관한 연구" (이화여자대학교 대학원 석사학위 논문), p. 31.

3) 아래의 표는 현인애, "북한의 주민등록제도에 관한 연구,"(2008.), p. 31-35의 내용을 오경섭 외, 『북한인권백서 2021』(통일연구원, 2021), p. 222에서 표로 정리한 내용을 인용한 것이다.

표Ⅱ-49	북한의 주민 계층 및 성분 분류	
계층 및 성분		부류(총 56개)
3대 계층	기본 군중	1. 혁명가 2. 혁명가 가족 3. 혁명가 유가족 4. 영예군인 5. 영예전상자 6. 접견자 7. 영웅 8. 공로자 9. 제대군인 10. 전사자 가족 11. 피살자 가족 12. 사회주의 애국희생자 가족 13. 기타(당이 맡겨 준 혁명초소에서 오랫동안 변함없이 우리 당을 받들어 충실하게 일하면서 핵심적 역할을 하고 있는 사람들을 비롯한 핵심군중과 계급적 토대·가정주위환경과 사회정치생활이 견실한 노동자·농민·병사·지식인)
	복잡한 군중	1. 인민군대 입대기피자 2. 인민군대 대렬도주자 3. 귀환군인 4. 귀환시민 5. 반동단체 가담자 6. 일제기관 복무자 7. 해방전사 8. 건설대 제대자 9. 의거입북자 10. 10지대 관계자 11. 금강학원 관계자 12. 정치범 교화출소자 13. 종교인 14. 월남자 가족 15. 처단된 자 가족 16. 체포된 자 가족 17. 정치범 교화자 가족 18. 포로되었다가 돌아오지 않은 자의 가족 19. 해외도주자 가족 20. 지주 가족 21. 부농 가족 22. 예속자본가 가족 23. 친일파 가족 24. 친미파 가족 25. 악질종교인 가족 26. 종파분자 가족 27. 종파연루자 가족 28. 간첩 가족 29. 농촌십장 가족 30. 기업가 가족 31. 상인 가족
	적대계급 잔여분자	1. 지주 2. 부농 3. 예속자본가 4. 친일파 5. 친미파 6. 악질종교인 7. 종파분자 8. 종파연루자 9. 간첩 10. 농촌십장 11. 기업가 12. 상인
성분 (총 25개)		1. 혁명가 2. 직업혁명가 3. 노동자 4. 군인 5. 고용 6. 빈농 7. 농민 8. 농장원 9. 중농 10. 부유중농 11. 농촌십장 12. 부농 13. 지주 14. 사무원 15. 학생 16. 수공업자 17. 십장 18. 중소기업가 19. 애국적 상기업가 20. 기업가 21. 소시민 22. 중소상인 23. 상인 24. 종교인 25. 일제관리

― 위의 표에 따르면, 북한에서는 어떤 기준에 따라 사람들의 지위가 분류되고 있습니까?

― 북한 주민 개개인의 가치를 결정하는 요인은 무엇입니까?

그렇다면 우리가 살아가는 남한 사회는 차별과 불평등이 존재하지 않는 사회라고 할 수 있습니까? 북한의 동포가 남한 사회에 정착할 때, 진정한 의미에서의 자유를 누릴 수 있을까요?

아래의 도표는 우리 사회 내에서 청년세대가 느끼는 불평등의 원인과 계층 상승 이동 가능성에 대한 설문조사 결과를 도식화한 자료입니다. 이를 함께 살펴보고 다음의 질문에 대해 생각해 봅니다.

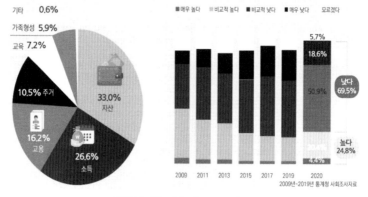

청년세대 내에서 느끼는 불평등

항목	비율
기타	0.6%
가족형성	5.9%
교육	7.2%
주거	10.5%
고용	16.2%
소득	26.6%
자산	33.0%

본인의 계층상승 이동가능성

■매우 높다 ■비교적 높다 ■비교적 낮다 ■매우 낮다 ■모르겠다

서울연구원 자료 (21.5.31.)

— 위의 도표는 청년세대가 차별과 불평등을 느끼는 이유가 무엇임을 보여주고 있습니까?

— 우리 역시 위와 같은 결과에 동의합니까? 이 외에도 우리가 충분히 인정받지 못하고, 불평등을 느끼는 이유는 무엇입니까?

— 우리 사회에서 우리 스스로가 느끼는 차별과 불평등, 그리고 북한 동포들이 남한 사회에서 느낄 차별과 불평등은 어떤 면에서 유사하고 다를까요?

통일부가 발간한 북한인권백서(2021)에 인용된 자료를 참고해보면,[4] 북한 사회는 겉으로는 전 국민이 평등하다는 사회주의 체제를

---

4) 현인애, 북한의 주민등록제도에 관한 연구, 31-35쪽. 오경섭 외, 『북한인권백서 2021』(통일연구원, 2021), 222에서 재인용.

표방하고 있으나, 실제 북한 당국은 구조적으로 계층을 세분화하여 주민들을 철저히 관리하고 있으며, 계층 간의 이동은 사실상 불가능합니다.[5] 그리고 대부분의 북한 주민들은 인간의 가장 기본적인 권리인 사상과 표현의 자유를 모두 박탈당한 채 살아가고 있습니다.

그렇다면 남한 사회는 어떻습니까? 남한 사회라고 해서 차별과 불평등의 문제가 없는 것은 아닙니다. 북한과는 또 다른 차원의 차별과 불평등의 문제가 남한 사회에 존재하고 있으며, 많은 이들이 이를 절실히 느끼고 있습니다. 학습자용 교재에 제시된 표를 함께 보면서 특히 남한의 청년세대가 느끼는 불평등의 문제에 대해 이야기를 나누어 봅니다.

위 설문 결과는 남한의 청년들이 주로 경제적인 이유로 인한 불평등의 문제를 호소하고 있으며, 더욱 나은 듯 보이는 사회적 지위로 올라갈 수 없다고 느끼고 있음을 말해주고 있습니다. 남한 사회가 자유와 평등의 가치를 표방하고 있다고는 하지만, 그 안에서 살아가는 모든 이들이 이러한 가치를 몸소 느끼지 못하고 있으며, 또 다른 차원의 불평등을 경험하고 있다는 점을 돌아봐야 합니다.

아래의 글은 한 탈북민과의 인터뷰를 요약한 내용입니다. 이를 통해 최근 북한 주민들이 탈북하려는 목적과, 또 탈북 이후에 남한 사회에서 경험하는 어려움을 간접적으로나마 알 수 있습니다.

북한 사회는 소위 '성분'이라는 것으로 사회 지위가 결정됩니다.

---

5) 오경섭 외, 『북한인권백서 2021』(통일연구원, 2021), p. 219-233.

이 성분은 태생적인 것이기 때문에, 바꾸는 것은 거의 불가능합니다. 한번 좋지 못한 성분의 집안에서 태어나게 되면 할 수 있는 일이나, 직업 등은 매우 제한적일 수밖에 없고, 심지어 군입대나 대학 교육의 기회도 박탈됩니다. 북한 사회는 태어나면서 계급과 사회적 지위가 결정되는 사회입니다. 그러나 이런 사회를 떠나온 탈북민들이 남한 사회에서 완전한 자유를 누리게 되는 것은 아닌 것 같습니다.

최근 대부분의 탈북민들은 우리가 흔히 생각하듯이 지옥과도 같은 북한을 벗어나기 위한 동기로 탈북하는 것은 아닙니다. 출신성분 으로 삶의 지위가 결정되는 경직된 북한 사회를 벗어나 자유로운 사회 속에서 계층 상승을 이루기 위해서, 그리고 때로 남한 사회에 대한 동경이나, 남한에 가면 더 부유하게 살아갈 수 있을 것이라는 막연한 생각에서 탈북을 시도합니다. 그리고 예전과 같이 요즘에는 목숨을 걸고 두만강이나 압록강을 넘어 탈북할 수 있는 여지는 거의 사라져 버렸습니다.

그보다는 경계지역에 근무하는 말단 병사에서부터 그 상급자들 에게까지 돈을 주어야 탈북을 할 수 있습니다. 이런 방식으로 탈북하기 위해서는 적지 않은 비용(2022년 현재, 약 2,000만 원 정도)이 들어가게 되고, 그렇기 때문에 일정 수준 이상의 경제 능력을 가진 이들이나, 외부의 도움을 받을 수 있는 이들만이 탈북을 할 수 있습니다.

이런 탈북민들에게 남한 사회는 완전히 공평한 기회가 주어지는 땅인 것만은 아닙니다. 탈북민들은 북한에서 어떤 교육을 받고, 어떤 일을 했든지 간에 상관없이 남한 사회에서 완전히 다른 출발선상에 서게 됩니다. 북한에서 쌓아왔던 교육 수준과 경력은 하나도 인정받지 못하는 것이 현실입니다. 그리고 남한 사람들의 삶의 수준을 맞추기 위해 적지 않은 빚을 지게 되는 경우도 많이 있고, 상대적 빈곤과 박탈감에 사로잡히게 됩니다. 그래서 심지어 어떤 이들은 다시 북한으로 돌아가고자 하는 마음도 갖게 됩니다.

남한과 북한, 이 두 사회 속에서 탈북민들은 어디에서도 진정한 자유와 권리를 경험하지 못하고 있습니다.

우리 모두는 체제의 차이에 상관없이 위와 같은 근본적인 불평등의 문제에서 자유롭지 못한 채 살아가고 있습니다. 우리의 현실에서 평화와 남북통일은 불가분의 관계에 있습니다. 그러나 통일이 된다고 해서 우리 안의 평화가 온전히 정착될 수 있을까요? 인간의 근본적인 가치, 즉 존엄성과 평등성이 회복되지 못한다면 우리는 또 다른 형태의 갈등을 경험할 수밖에 없을 것입니다.

따라서 남과 북의 평화와 통일의 방향성은 체제의 우위를 겨루거나 경제, 군사적인 이익만을 도모하기보다는 모든 남북한의 국민들이 인간 본연의 가치를 회복하고, 공공의 선을 이루어 나갈 수 있는 방향으로 이루어져야 합니다. 그렇다면 이를 어떻게 실현해 나갈 수 있을까요?

남한 사회와 북한 사회에 존재하는 차별과 불평등의 예를 통해 나타내고자 하는 것은 체제나 사회구조의 모습에 관계없이 인간의 존엄성과 평등성이 훼손되고 있다는 것을 환기시키기 위함입니다. 북한은 모든 이들이 평등하다는 사회주의 체제를 표방하고 있지만, 절대적인 권력이 존재하고 이 권력에 얼마만큼 가까이 있고, 또한 얼마만큼 충성하고 있느냐에 따라 사회적 위치와 계급이 결정됩니다. 반면, 남한 사회는 자유로운 인간의 존엄성과 가치를 가장 중요하게 여기는 민주주의 체제를 유지하고 있지만, 자본의 많고 적음에 따라 암묵적으로 삶의 질과 지위가 결정되는 구조가 존재합니다. 절대 권력이 든, 자본이든 인간의 본질적인 가치보다 우선하는 가치가 존재할 때, 그 안에서 살아가는 이들은 차별과 불평등을 경험할 수밖에 없습니다.

우리 모두는 이렇게 근본적인 불평등의 문제에서 자유롭지 못한 채 살아가고 있습니다. 우리의 현실에서 평화와 남북 통일은 불가분의 관계에 있습니다. 그러나 통일이 된다고 해서 우리 안의 평화가 온전히 정착될 수 있을까요? 인간의 근본적인 가치, 즉 존엄성과 평등성이 회복되지 못한다면 우리는 또 다른 형태의 갈등을 경험하게 될 것입니다. 따라서 남과 북의 평화와 통일의 방향성은 체제의 우위를 겨루거나 경제적 이익만을 도모하기 보다는 모든 남북한의 국민들이 인간 본연의 가치를 회복하고, 공공의 선을 이루어 나갈 수 있는 방향으로 이루어져야 합니다.

▲ 참고자료 6)

전 문

접속 2023. 3. 2. http://tongil.snu.ac.kr/pdf/110124/3-%20%ED%86%B5%EC%9D%BC%EA%B3%BC%20%ED%8F%89%ED%99%942-2(%EA%B9%80%ED%99%94%EC%88%9C).pdf	

6) 김화순, "고학력 북한이탈주민이 인지하는 차별과 직업계층 변화에 대한 인식," 『통일과 평화』, 2집 2호(2010), 76-110.

이 자료는 북한에서 평균 이상의 계층에 있던 주민들이 북한을 이탈하여 남한으로 삶의 거처를 옮긴 이후, 정착, 특히 구직 과정 가운데 경험했던 문제를 연구한 글입니다. 이 가운데 일부 자료를 발췌하면 아래와 같습니다.

〈표 7〉 교사 집단의 자신의 계층적 지위변화에 대한 평가

사례ID	북한 학력	전공	북한직업명 (비공식)	북한 계층 점수	남한 직업명 1 (경력)	현재 직업	남한 계층 점수
사례1	사범대학	수학	고등학교 수학교사	7	탈북민학교 교사	제조업공장 조립	2
사례3	대졸	체육	교사 (전자제품 밀수)	8	대학생	구직 중	1
사례7	대졸	미술	공산대학 교원	9	수영장 관리원 1년 6개월	식당(1년 1개월) 청소년수련관 강사	1
평균				8			1.3

〈표 8〉 기업소 집단의 자신의 계층적 지위변화에 대한 평가

사례ID	북한 학력	전공	북한직업명 (비공식)	북한 계층 점수	남한 직업명 1(경력)	현재 직업	남한 계층 점수
사례5	경제대졸	회계	기업소부기 10년 외	7	입주가정부	민간단체	5
사례6	대졸	광물학과	탄광기사	3	00농장 1년 5개월	책집필 중	2
사례8	평양소재 대졸	기계공학	종이공장 기술실(장사)	4	통일교육홍보강사 통일관련 연구NGO	대학원생	1
사례10	대졸	전자계산기	무역회사에서 외화벌이	6	정밀회사 취업(1.5년)	00NGO방송	7
평균				5			3.7

〈표 9〉 비공식 집단의 자신의 계층적 지위변화에 대한 평가

사례ID	북한 학력	전공	북한직업명 (비공식)	북한 계층 점수	남한직업명 1(경력)	현재 직업	남한 계층 점수
사례4	대졸	화학분석	3대혁명소조 (밀수)	6	컴퓨터 학원 직원	00공단 (6년)	3
사례9	대졸	전자자동화	전기통신관리기사 (가전제품수리)	5	차 수리	-	3
평균				5.5			3

위 통계는 탈북민들의 사회적 지위 변화 인식에 있어, 오히려 남한 정착 후, 사회적 지위가 더 낮아졌다는 인식 결과를 보여주고 있습니다. 즉, 이들에게 있어 남한 사회는 기회의 땅이 되지 못했습니다. 이 연구는 탈북민들에 대한 남한 사회의 지원과 지지가 더욱 요구됨을 말하고 있습니다. 북한사회에서 기본권을 박탈당한 탈북민들이 우리 사회 속에서 어떻게 새로운 희망을 찾아 나갈 수 있겠습니까?

탈북민들이 남한 사회에서 느끼는 불만족과 어려움의 원인은 무엇일까요? 현재 정부는 아래의 표에서 볼 수 있듯이, 탈북민들을 위한 다양한 지원제도를 마련해 놓고 있습니다.

위의 지원 내용들을 살펴보면 탈북민들을 위한 양적인 차원의 지원책들이 상당히 잘 마련되어 있음을 알 수 있습니다. 어떤 탈북민들은 위와 같은 기회를 잘 선용하여 성공적으로 남한 사회에 순조롭게 정착하고 일정한 수준의 사회적 지위에 오를 수 있었던 반면, 이러한 지원에도 불구하고 위의 예에서도 볼 수 있듯이 남한 사회에 적응하지 못하는 탈북민들이 적지 않습니다.

우리는 이러한 상황에서 양적인 차원의 지원 못지않게, 아니 그보다 더 질적인 차원의 지원이 중요함을 인지해야 합니다. 탈북민들은 대부분 자본주의 체제를 한번도 경험하지 못한 이들입니다. 그렇기 때문에 탈북민들은 자신들이 받은 지원금을 우선적으로 어떻게 사용해야 할지, 이를 기반으로 하여 장기적으로 남한 사회에서의 삶을 어떻게 계획해 나가야 할지 모르는 상황 가운데 놓이게 됩니다. 이 때문에 정착 지원금을 유흥업소에서 순식간에 탕진해 버리거나, 탈북민들을 노리는 범죄에 연루되어 모든 것을 잃어버리게 되는 예도 적지 않습니다.

구분	항목	내용
정착금	기본금	1인세대 기준 800만 원 지급
	장려금	취업장려금 최대 (수도권 1,800만 원 지방 2,100만 원)
	가산금	노령, 장애, 장기치료, 한부모, 제3국 출생자녀와 양육 등 요건에 따라 지급
주거	주택알선	임대 아파트 알선
	주거지원금	1인 세대 기준 1,600만 원
취업	직업훈련	훈련기간 중 훈련수당 지급(노동부)
	고용지원금 (채용기업주에게 지급)	북한이탈주민 취업보호 대상자 (단, 2014.11.29. 이전 입국자)
	취업보호 담당관	전국 60여 개 고용지원센터 지정, 취업상담 · 알선
	기타	취업보호(우선구매), 영농정착지원, 특별임용 등
사회복지	생계지급	국민기초생활보장 수급권자
	의료보호	의료급여 1종 수급권자로서 본인 부담없이 의료혜택
	연금특례	보호결정 당시 50세 이상~60세 미만은 국민연금 가입특례
교육	특례편 · 입학	대학진학 희망자의 경우 특례로 대학입학
	학비지원	중 · 고 및 국립대 등록금 면제, 사립대 50% 보조
정착도우미	-	1세대당 1~2명의 정착도우미를 지정, 초기 정착지원
보호담당관	-	거주지보호 담당관(약 240명), 취업보호 담당관(60명), 신변보호 담당관(약 900명)

https://www.unikorea.go.kr/unikorea/business/NKDefectorsPolicy/settlement/System/ (자료 통일부 홈페이지) 접속 2023. 3. 2.

    따라서 탈북민들을 위한 양적인 지원뿐만 아니라, 완전히 새로운 자본주의 사회 속에서 탈북민들이 올바른 자본에 대한 가치관을 가지며 적응해 나갈 수 있도록 도와주는 질적인 차원에서의 지원이 절실히 필요한 상황입니다. 위의 정부 지원책에서도 볼 수 있듯이 보호 담당관 제도가 있기는 하지만 탈북민들 개개인을 적극적으로 도와주기에는 인력이 턱없이 부족한 것이 현실입니다.

    이러한 탈북민들의 문제를 해결하고 하나원 퇴소 이후, 취업 지원과 상담, 그리고 멘토링 서비스 등의 지원을 위해 마련된 남북하나재단(북한이탈주민지원재단)이 있습니다. 아래의 재단 사이트와 탈북민 포털 사이트를 참고하여 현재 탈북민들을 위한 지원들이 어떻게 이루어지고 있고, 우리가 동참할 수 있는 일이 무엇이 있는지 참고하여 학생들과 함께 공유해 주시기 바랍니다.

— 남북하나재단: https://www.koreahana.or.kr/home/kor/main.do

— 하나포털: https://hanaportal.unikorea.go.kr/hanaportal/

3) 타자의 철학—우리가 회복해야 할 공동의 가치

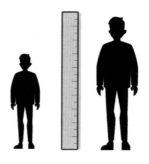

위의 그림을 봅니다. 남북한은 여러 측면에서 키의 균형을 이루지 못하고 있습니다. 키의 불균형은 곧 눈높이의 차이를 만들어내고, 눈높이의 차이는 소통을 불가능하게 만듭니다. 그렇다면 우리는 어떻게 그 키와 눈높이를 맞출 수 있을까요?

　사실, 문제 해결은 그리 어렵지 않습니다. 서로의 키와 눈높이를 맞추고 서로 소통하기 위해서는 무리하게 작은 이를 끌어 올리려 하기보다는, 누가 되었든 큰 자가 포용성과 겸손함을 갖고 그 키와 눈높이를 상대방에게 맞추어, 소통하면서 함께 성장해 나가야 합니다. 우리 자신만 바라보아서는 절대로 균형을 이룰 수 없습니다. 상대편에 서 있는 다른 이들을 볼 수 있어야 균형을 찾을 수 있고, 이 균형을 통해 우리는 평화로 나아가는 발걸음을 뗄 수 있을 것입니다.

　홀로코스트 생존자인 유대인 철학자 에마뉘엘 레비나스(Emmanuel Levinas)는 소위 "타자의 철학"(philosophy of other)이라는 개념을 제시합니다. 그는 우리의 삶의 중심이 "타자"(other)가 되어야 한다고 지적합니다. 인간의 존엄과 평등이 자신만을 위한 것으로만 인식된다면, 모두를 위한 인간 본연의 가치 회복은 요원한 일이 될 수밖에 없습니다. 타자의 철학은 우리 모두가 다른 이들을 위해 부름받은 존재임을 깨닫고, 공동체 전체의 선을 위해 노력해야 함을 역설합니다.

　― 이런 측면에서 한반도 평화통일은 어떠한 방향성과 바탕에서 이루어져야 한다고 생각합니까?

— 경제적 이익이나 체제의 우위를 확인하기 위한 목적으로 통일이 되었을 때, 우리에게 어떤 또 다른 문제들이 생길까요?

남과 북의 갈등과 남한 사회 내에서의 탈북민 문제에 대한 나름대로의 해법으로, 본 과에서 강조하고자 하는 것이 바로 에마뉘엘 레비나스 (Emmanuel Levinas)의 "타자의 철학"(philosophy of other)이라는 개념입니다. 이 개념은 서로의 눈높이를 나 자신이 아니라 다른 이에게 두는 것을 강조합니다. 남한과 북한은 어떤 차원에서든 각자의 눈높이가 같을 수는 없습니다. 자신만의 눈높이만을 고집한다면 원활한 대화와 소통은 불가능할 수밖에 없습니다. 진정한 대화와 소통은 어느 한쪽이 자신의 눈높이를 상대방에게 맞출 때 비로소 실현될 수 있습니다.

이런 측면에서 우리의 평화통일의 목적에 대해 질문하고, 나름대로의 방향성에 대해 생각해봐야 합니다. 이 부분에서 우리 사회와 한반도의 통일의 목적이 무엇인지 함께 논의해 봅니다. 사실 많은 경우 통일을 해야 한다는 주장의 이유도, 아니면 통일을 하지 말아야 한다는 주장의 이유도 현실적인 이해관계와 얽혀 있습니다. 체제의 우위를 위한 통일이나, 경제적 이익을 위한 통일은 "나"의 눈높이에만 치중하는 방식의 해법으로 결국 또 다른 불균형의 문제를 낳게 될 것입니다. [7]

그렇다면 "타자의 철학" 개념을 통해 생각해 볼 수 있는 평화와 통일의 목적은 무엇이 되어야 할까요? 이 질문에 대해 함께 토의해 봅니다. (예. 북한의 인권/식량 문제 해결, 통일을 통한 한반도의 역할 재정립, 이산가족 문제 해결, 소모적인 군비 경쟁을 해소하고 한반도의

---

[7] 독일 통일의 경제적 문제와 관련하여 다음의 자료를 참고. 정형곤, 『독일통일 30년: 경제통합의 평가와 시사점』(대외경제정책연구원, 2020).

젊은이들에게 보다 나은 기회 제공 등)

4) 우리의 꿈―존엄하고 평등한 인간성의 회복, 그리고 남북 공동 가치의 재발견

1963년 8월 28일, 흑인 인권 운동가였던 마틴 루터 킹 주니어(Martin Luther King Jr.) 목사는 흑인과 백인의 불평등 문제 해결에 대한 단초가 되었던 유명한 연설을 시작했습니다. 그 일부 내용은 아래와 같습니다.

> 나에게는 꿈이 있습니다. 언젠가 이 나라가 깨어나서, '우리는 모든 사람이 공평하게 창조되었다는 자명한 이념을 신봉한다'라는 미국의 신조 안에 깃든 참뜻 속에서 살아가는 것이 그 꿈입니다.

마틴 루터 킹 목사의 이러한 연설이 의미 있는 이유는 연설문을 통해 표현된 그의 꿈이 실제 미국 사회를 변화시키는 원동력이 되었기 때문입니다. 흑백 갈등의 극복과 평등한 사회의 확립은 모든 이들의 존엄하고 평등한 인간성을 회복하는 것이었습니다. 그 만의 꿈이 개인을 넘어 미국 전체의 꿈이 되었을 때, 진정한 변화를 이룰 수 있었습니다.

그렇다면 남북한이 서로 협력하여 이루어야 할 꿈과 변화는 무엇입니까? 기미년(1919년) 3월 1일, 한반도의 백성들은 이미 한마음, 한뜻으로 다음과 같은 독립과 평등의 꿈을 함께 외쳤습니다.

"우리는 오늘 조선이 독립한 나라이며, 조선인이 이 나라의 주인임

을 선언한다. 우리는 이를 세계 모든 나라에 알려 인류가 모두 평등하다
는 큰 뜻을 분명히 하고, 우리 후손이 민족 스스로 살아갈 정당한
권리를 영원히 누리게 할 것이다. 이 선언은 오천 년 동안 이어 온
우리 역사의 힘으로 하는 것이며, 이천만 민중의 정성을 모은 것이다.
우리 민족이 영원히 자유롭게 발전하려는 것이며, 인류가 양심에
따라 만들어가는 세계 변화의 큰 흐름에 발맞추려는 것이다. 이것은
하늘의 뜻이고 시대의 흐름이며, 전 인류가 함께 살아갈 정당한 권리에
서 나온 것이다. 이 세상 어떤 것도 우리 독립을 가로막지 못한다."

독립의 당위성은 바로 모든 인류가 평등한 존재임을 인식하고
널리 알리는 데에 있음을 주창합니다. 바로 우리 민족의 존엄성과
평등성의 회복은 우리 뿐만 아니라, "타자" 즉, 온 인류의 존엄성과
평등성의 회복임을 나타내고 있습니다.

지금 한반도에서 살아가고 있는 우리는 평화와 통일에 관해 어떤
꿈을 꾸고 있습니까? 사상과 인종, 그리고 국가를 초월하여 모든 인류가
평등하고 존엄한 존재임을 인식하는 것, 그것이 평화의 시작이고, 또한
통일의 중요한 목적이 되어야 합니다. 그리고 이는 이념과 주장으로만
남아서는 안 되며 우리 삶 속에서 실제로 이루어져야만 하는 꿈입니다.

본 주제와 관련하여 마지막으로 마틴 루터 킹 목사의 연설 일부를
인용했습니다. 그 역시 본질적인 인간 존엄성과 평등한 사회의 확립을
주창하고 있습니다. 모든 인간은 하나님에 의해 평등하게 창조된 존재라
는 미국 독립선언문의 이념이 글자로만 남는 것이 아니라, 실제 우리의
삶 속에서 실현되게 하는 것이 바로 그의 꿈이었습니다. 그의 꿈이

바로 미국 사회 전체의 역사를 움직이는 원동력이 되었음을 생각해 봅니다.

그리고 이제 마지막으로 기미년 독립선언서의 내용을 함께 살펴봅니다. 이 선언문은 한반도의 모든 백성이 함께 외쳤던 선언문이라는 데에 그 가치가 있습니다. 이 선언문 역시 독립의 목적이 인간의 존엄성과 평등성 회복에 있음을 강조합니다. 우리가 추구하는 통일의 방향성 역시 이와 같은 정신에서 이루어져야 함을 생각해보게 합니다.

본 내용을 정리하면서 우리가 꿈꾸는 한반도의 평화와 통일의 모습이 무엇인지 함께 생각해 봅니다.

4. 삶에 접속하기—평등과 존중의 실현을 위한 공감의 노력과 실천

본 교재의 첫 과를 통해, 우리 모두가 존엄하고 평등한 존재라는 사실을 깨닫는 데에서 평화와 통일의 가능성이 시작됨을 나누어보았습니다. 그렇다면 우리가 먼저 관심을 가져야 할 곳은 어디일까요? 사실, 우리는 이미 탈북민들을 통해 통일의 시대를 미리 경험할 수 있습니다. 우리 주변에서 새로운 삶의 터전을 이루어 살아가고 있는 탈북민들은 "먼저 온 미래"라 할 수 있습니다. 그러나 많은 탈북민은 여전히 이 사회에서 많은 어려움을 겪고 있습니다. 현재 우리가 경험하는 탈북민들 문제는 장차 통일 시대에 또한 맞이하게 될 문제일 것입니다. 이들의 어려움에는 다양한 이유들이 있겠지만, 보다 근본적으로는 소외의 문제가 자리 잡고 있습니다. 우리와 탈북민들은 같은 공간 안에서 살아가고 있지만, 서로를 향한 마음은 여전히 닫혀 있습니다. 진정한 평화와 통일은 서로가 평등하고 존엄한 존재임을 인정할 때 시작될 수 있습니다. 본 과를 정리하면서 탈북민들의 마음을 이해하고 공감하기 위한 활동을 함께 진행해 봅니다.

1) 탈북민의 아픔 공감하기

위에서 나눈 말씀을 정리해 보면서, 우리가 간과하고 있었던 탈북민의 아픔을 공감하고, 우리가 어떠한 관심을 더욱 기울여야 하는지 생각해 보고자 합니다.

"그녀는 굶주림을 피해 북한을 탈출했고, 부유한 나라에서 가난하게 살다가 죽었다."(She Fled Famine in North Korea, Then Died Poor in a Prosperous Land.)

이 부분에서는 평화와 통일의 문제와 관련하여 나눈 메시지를 우리 삶 가운데 어떻게 적용시켜 나가야 할지를 생각해 봅니다.

먼저 우리는 한반도의 평화 문제와 관련하여 탈북민의 아픔에 대해 공감할 필요가 있습니다. 한반도의 평화와 통일 문제는 탈북민들의 문제를 통해 이미 우리 가운데 현실적으로 와 닿아 있습니다. 미래적인 통일만을 부르짖는 것이 아니라 차별과 편견, 그리고 무관심과 궁핍함 속에서 어려움을 겪고 있는 탈북민들이 우리 안에서 어떻게 존엄한 존재로 여김받을 수 있을지, 이를 위해 각자가 할 수 있는 일은 무엇인지 탈북민 모자의 안타까운 죽음에 대한 이야기를 통해 생각해 봅니다.

접속 2023. 3. 2.

https://www.nytimes.com/2019/09/21/world/asia/lonely-deaths-of-a-refugee-mother-and-her-son-unsettle-south-korea.html

「뉴욕타임스」 뉴스기사

위의 내용은 「뉴욕타임스」가 2019년 7월 31일 탈북민 모자가 안타깝게도 서울의 한 임대아파트에서 외로이 죽어갔던 사건을 보도한 기사의 제목입니다. 이 사건은 우리 안에 있는 탈북민들이 인권의 사각지대에 놓여 있음을 말해주고 있습니다.

이와 관련한 국내의 보도 내용과 관련 영상을 더 찾아봅니다.

뉴스기사[접속 2023. 3. 2.]	시사 프로그램[접속 2023. 3. 2.]
탈북, 모자의 죽음, 두 달간 아무도 몰랐다	탈북 엄마의 마지막 눈물(창 259회)
https://m.hani.co.kr/arti/society/society_general/905709.html#ace04ou	https://youtu.be/FF5mwVlK4QM

본 사건에 대한 국내 보도와 위 사건을 둘러싼 탈북민들의 어려운 현실을 다루고 있는 영상을 각자 살펴보고, 우리 스스로가 놓치고 있는 부분이 무엇인지, 그리고 우리가 우리 주변에서 그들을 위해서 당장 할 수 있는 일이 무엇인지 생각해 봅니다.

본 기사는 탈북민 모자가 그들이 살던 한 임대 아파트에서 죽었고, 더욱 충격적이게도 이들이 죽었다는 사실을 두 달 넘게 아무도 몰랐다는 사실을 보도하고 있습니다. 이 사건을 다룬 뉴욕타임스는 "그녀는 굶주림을 피해 북한을 탈출했고, 부유한 나라에서 가난하게 살다가 죽었다"라는 제목으로 본 사건을 보도했는데, 이 기사의 제목은 우리의 문제를 적나라하게 보여주고 있습니다. 여기서 나타나는 우리의 문제는 바로 무관심과 소외입니다. 우리는 형식적으로 평화와 통일을 강조하고 있지만, 정작 우리 삶의 주변에 있는 어려움에 처한 탈북민들에 대해 무관심합니다.

이 모자의 안타까운 죽음의 원인은 정확히 알려지지 않습니다. 남한의 복지 시스템이 존재함에도 불구하고 안내받지 못했을 수도 있고, 혹은 이 사회 속에서 살아나갈 자신이 없었을 수도 있습니다. 우리가 이 사건을 바라보면서 잊지 말아야 할 것은 바로 이 탈북민들이 먼저 온 미래라는 점입니다. 평화와 통일은 저 먼 미래에 이루어지는 것이 아니라, 바로 지금 여기서 탈북민들과 함께 시작되어야 합니다.

이 이야기를 통해 평화를 위한 인간 이해는 수동적인 자세가 아니라, 어려움에 처한 이들에 대한 관심을 갖고, 적극적으로 도움을 줄 수 있는 능동적인 자세를 통해 우리의 삶의 모습으로 나타나야 함을 지도해 주시기 바랍니다.

2) 공감 실천: 먼저 온 미래, 탈북민들에게 손 내밀기

그렇다면 우리가 탈북민들의 마음을 이해하고, 탈북민들과 함께 소통하기 위해서 어떠한 노력을 해야 할까요? 다음의 활동들을 통해 탈북민들의 상황과 마음을 살펴보고, 이들과 소통하며, 나아가 마음의 통일을 위해 우리가 할 수 있는 일들을 생각해 봅니다.

● 탈북민 유튜브 채널을 찾아보고 다양한 통로를 통해 소통해보기

사실 탈북민들을 우리 주변에서 찾고, 소통하는 것은 쉽지 않을 수 있습니다. 그런데 유튜브에는 탈북민들이 운영하는 채널들이 있습니다. 이들의 사연을 유튜브 영상을 통해 찾아보고, 공감하는 메일이나 댓글을 달아 봅니다.

추천 유튜브 채널

장선비의 한양살이	아오지 언니 TV
2019년에 탈북하여 한국에 정착하여 살고 있는 장혁 씨가 운영하는 채널로 탈북의 과정과 남한에 정착 후 느낀 점들, 그리고 다른 탈북자들과의 인터뷰 등을 볼 수 있습니다.	아오지 탄광에서 탈북하여 호주에 정착하여 살고 있는 최금영 씨가 운영하는 채널로 북한의 생활상과 남한 사회에 대해 느끼는 진솔한 생각 등을 볼 수 있습니다.
접속 2023. 3. 2. https://youtube.com/channel/UCG WtB4KtetSa-mGVgwAzhvg	접속 2023. 3. 2. https://youtube.com/channel/UC0 THGaImwZJq5gwFT7pEpbg
보다 TV-북한의 것을 보다	탈북민 연극 '고슴도치'
다양한 배경을 가진 탈북민들과의 흥미로운 인터뷰를 보실 수 있습니다.	탈북민들이 직접 만든 연극으로 탈북 과정과 남한 정착 과정에서 겪는 탈북민들의 아픔과 경험을 연극으로 볼 수 있습니다.
접속 2023. 3. 2. https://youtube.com/playlist?list=P LYeXRzoBwGeFXCEaEcZhY8KuoO 7erdO-5	접속 2023. 3. 2. https://youtu.be/4a1SLCFbUtQ

● 북한말로 일기 써 보기

우리가 탈북민을 만난다면 금방 대화가 가능할까요? 오랜 분단의
세월 동안 각자가 쓰는 말도 많이 달라졌습니다. 글동무 사이트
(geuldongmu.org)에 접속하면 남북한어 번역기를 사용할 수 있습니
다. 오늘 나의 일과를 이 번역기를 이용하여 북한말로 바꾸어서 써
보는 것은 어떨까요?

글동무 남북한어 번역기
쉽고 간단하게 모르는 단어를 검색해 보세요

마지막으로 우리가 당장 할 수 있는 공감 활동을 세 가지 제시했습니다. 첫 번째 활동은 탈북민들의 구체적인 사연을 통해 그 삶을 이해하고 공감해 보려고 노력하는 일입니다. 우리가 당장 탈북민들을 초청할 수 없다면, 이들이 운영하고 있는 유튜브 채널을 통해 그 삶의 이야기를 들어보고 할 수 있는 대로 메일과 댓글로 소통하는 과정을 통해 공감의 폭을 넓혀 나갈 수 있으리라 생각합니다.

그리고 두 번째 활동은 우리와는 전혀 다르게 발전한 북한말로 일기를 써 보는 활동입니다. 언어는 그 나라의 가치와 문화, 그리고 생각을 담고 있다고 합니다. 북한의 언어를 이해하고 써 보는 과정을 통해 서로의 거리를 좁혀 나갈 수 있지 않을까요?

● 탈북민 교육과 리더 양성

탈북민들이 남한 사회에서 자유롭게 살아가기 위해 필요한 것들이 많이 있겠지만, 그중에서도 가장 중요한 것은 "교육의 기회"입니다. 탈북민들이 남한 사회에서 느끼는 사회적 격차와 박탈감을 줄이고 이 사회 속에서 주도적인 역할을 갖게 하기 위해서는 보다 전문화되고 발전적인 고등 교육의 기회가 주어져야 합니다.

물론 학령기에 있는 탈북 학생들이 남한 사회에 와서 교육의 기회를 받지 못하는 것은 아니지만, 전혀 다른 새로운 교육 환경 속에서 적응하여 좋은 학교에 진학하는 것은 쉽지 않은 일입니다. 따라서 탈북 학생들의 상황과 눈높이에 맞는 교육 커리큘럼을 개발하고, 상급 교육과정에 대한 정보를 적절히 제공해 주어야 합니다.

이러한 탈북 학생들의 어려움을 잘 이해하고 우리가 도움이 될 수 있는 길에 대해 생각해 봅니다. 현재 탈북민 학생들이 원하는 대학에 갈 수 있도록 하는 특례입학 제도가 갖추어져 있습니다. 그러나 문제는 이 학생들이 언어 학습의 장벽으로 인해 대학 과정에 제대로 적응하지 못하는 경우가 빈번하게 발생한다는 점입니다. 그래서 특별히 이 학생들의 영어 교육을 도와주는 단체가 있기도 합니다. 이를 통해 탈북 학생들이 대학교육 과정에 잘 적응해 나갈 뿐만 아니라, 미국 유학까지도 했던 좋은 사례가 있기도 합니다.

탈북민들은 언제나 도움을 받아야 하는 대상은 아닙니다. 탈북민들의 '남한화'를 추구하는 교육이 아니라, 우리가 탈북민들을 우리 사회를 함께 일구어 나가는 동반자로 인정하고, 이들이 가진 경험과 능력을 잘 발휘하여 이 사회 속에서 주도적인 역할을 감당하게 할 때, 다가오는 통일의 시대를 잘 준비할 수 있을 것입니다.

● 탈북민 지원 관련 정보

최근 다양한 탈북민 지원 민간단체가 많이 생겨나고 있습니다. 그러나 검증되지 않은 단체들도 많이 있기 때문에 정부 기관 사이트나 포털에서 제공해 주는 자료들을 참고하는 것이 안전합니다. 아래의 사이트들을 참고해 보시기 바랍니다.

▲ 남북하나재단 : https://www.koreahana.or.kr/home/kor/main.do
정부지원으로 진행되는 탈북민 지원에 대한 사업과 지원 프로그램에

대한 정보를 볼 수 있습니다.

▲ 탈북 청소년 교육 지원 센터 : https://www.hub4u.or.kr/main.do

탈북 청소년 교육과 관련한 다양한 지원 프로그램을 볼 수 있습니다.

▲ 1365 자원봉사 포털 :
https://www.1365.go.kr/vols/1572247904127/partcptn/timeCptn.do

1365 자원봉사 포털에서 탈북민이라는 키워드를 검색하면 실제 참여할 수 있는 자원봉사 프로그램을 검색할 수 있습니다.

위의 활동들을 통해 느낀 소감은 어떻습니까? 평화는 거창한 것이 아닙니다. 평화는 우리 모두, 서로가 존귀하고 평등한 존재임을 인정할 때에 시작됩니다. 그러나 평화는 일순간에 이루어지는 것은 아닙니다. 일상의 삶 가운데 우리는 계속해서 평화를 연습하고 실천해야 합니다.

마지막으로 세 번째는 탈북민 학생들에게 교육의 지원을 해줄 수 있는 방안을 함께 찾아보고, 할 수 있다면 이 일에 참여해보는 활동입니다. 앞에서도 잠시 언급했지만, '얼마나'라고 하는 양적인 지원보다 더 중요한 것은 '어떻게'라고 하는 질적인 차원의 지원입니다.

탈북민 학생들이 다양한 경로로 대학교에 입학했다 할지라도 남한 학생들과의 학업 격차를 해소하기는 쉽지 않은 형편입니다. 즉, 대학 입학의 기회를 제공해 주는 것으로 끝나는 것이 아니라, 새로운 교육환경에 잘 적응해 나갈 수 있도록 실질적인 도움을 주어야 합니다.

탈북민 대학생들이 특히 남한의 대학 교육에서 어려움을 갖는 분야가 바로 영어라고 합니다. 남한 사회에서 영어 성적은 대학 졸업뿐만 아니라 취업을 위해서도 필수적입니다. 그러나 북한과 남한에서의 영어 교육 격차가 상당히 크고 이를 따라잡기 위해 감당해야 할 경제적인 부담도 큰 것이 현실이기 때문에 졸업이나 취업 등에서 많은 어려움을 겪고 있습니다. 이러한 상황에서 탈북민 학생들의 영어 교육을 위한 해외 연수 프로그램을 지원하는 등의 다각적인 지원이 필요합니다. 아래의 기사를 통해 이러한 예를 찾아볼 수 있습니다.

— 고려대 북한이탈주민학생, 미국 예일대 서머프로그램 참여한다. (접속 2022.3.20. e대학저널, 2022.2.16.일자. http://www.dhnews.co.kr/news/articleView.html?idxno=203093)

▲ 생각해 보기—탈북자 지원과 관련하여 남한의 청년들이 느낄 수 있는 역차별의 문제

하지만 청년들과 탈북민 학생들의 지원과 관련한 이야기를 나누다 보면 역차별의 문제가 제기될 수도 있습니다. 다음의 링크를 통해 탈북민 학생 대학 입학 특례를 둘러싼 논쟁을 다룬 기사를 참고해 보시기 바랍니다.

— 명백한 역차별 vs 탈북자 받아야 대학가 '새터민 전형' 논란 (접속 2023. 3. 2. 아시아경제, 2020.1.7.일자. https://www.asiae.co.kr/article/2020010709394621059)

위 기사에서 제기된 남한 학생들의 문제 제기는 자신들은 밤새워 공부해도 들어가기 힘든 명문대를 탈북민이라는 이유 만으로 그리 어렵지 않게 입학하게 하는 것은 명백한 역차별이라는 것입니다. 또한 높은 대학 등록금 때문에 원하는 대학 진학을 하지 못하거나, 등록금을 내기 위해 학업과 일을 겸할 수밖에 없는 학생들이 적지 않은 반면, 탈북 학생들에게 지원되는 등록금 지원 혜택(국공립대학 등록금 면제, 사립대학의 경우 정부 50퍼센트 보조) 역시 불공정하게 느껴질 수 있는 부분입니다.

물론, 이러한 구조적인 문제는 쉽게 해결될 수 있는 것은 아닙니다. 일부 탈북민들이 그러한 혜택을 누리는 것은 맞지만, 전체적인 틀에서 많은 탈북민 학생들이 학교 교육에 적응을 하지 못하고 학업을 중단하는 비율이 적지 않기 때문입니다.

[그림 3] 연도별 탈북청소년의 학업중단율 추이

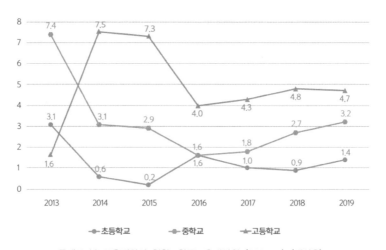

통계로 본 교육격차의 현황, 한국교육개발원 (2021.1.) (재인용)

탈북민 학생들을 도와야 한다는 당위성은 바로 탈북민과 우리는 같은 시대와 공간 속에서 살아가는 동반자라는 데에 있다는 사실을 잊지 말아야 합니다. 탈북민 학생들 일부는 분명 역차별이라 느낄 수 있을 만큼 많은 혜택을 받는 것이 사실이지만,

더욱 큰 틀에서 보면 여전히 탈북민 학생들은 많은 경우 교육의 사각지대에 놓여 있고, 대학 졸업 이후에도 탈북민이라는 이유로 차별 받는 상황 가운데 있음을 알고 장기적인 안목에서 이를 개선시켜 나가야 할 필요성이 있음을 인식할 필요가 있습니다. 물론, 탈북민 학생들 스스로도 적지 않은 혜택을 받고 있는 만큼 남한 사회에 대한 책임 의식을 잊지 말아야 합니다.

또 다른 측면에서 보면, 현시점에서 탈북민을 돕는 일은 우리 사회의 전반적인 문제로 시선을 돌리게 하는 일이라 생각합니다. 장애인들을 위한 편의시설은 비장애인에게 역차별로 다가올 수 있지만, 장애인들을 위한 편의시설을 일반화시킬 수 있다면 그러한 편의는 모두에게 돌아올 수 있습니다. 탈북민들의 문제 역시 이와 동일하다고 생각합니다. 탈북민들을 지원하는 일을 통해 결국 이 사회의 구조적인 문제 해결의 실마리가 모색될 수 있습니다. 이러한 생각을 갖고 탈북민 문제와 지원에 대해 진지한 마음을 가질 수 있도록 지도해 주시길 바랍니다.

마지막 부분에 탈북자 지원과 관련한 사이트 정보를 넣었습니다. 검증된 기관에서 제공하는 봉사활동 프로그램을 함께 찾아보고, 올바른 지원 방향에 대해 논의해 보거나, 직접 참여할 수 있는 프로그램이 있다면 동참해 봅니다.

이 활동들을 함께 해보고 그 느낌을 서로 나누어보고, 본 과를 정리합니다. 일상의 삶 가운데 우리는 계속해서 **평화를 연습하고 실천해야** 합니다.

개인과 공동체의 평화

다름이 틀림은 아닙니다

■ Intro : 코스모폴리타니즘

누군가 "어디서 왔나요?" 하고 물어볼 때마다 디오게네스가 "나는 세계의 시민이오."라고 답했다고 합니다. '세계의 시민'을 영어로 옮기면 '코스모폴리탄(cosmopolitan)'입니다.

디오게네스는 스스로를 '코스모스(우주)'에서 왔다고 했습니다. 한 나라도 아니고, 지구도 아니고, 우주를 품은 디오게네스에게 출신이나 인종의 구별은 무의미했던 것입니다. "나는 우주에서 왔다."라는 디오게네스의 대답은 오늘날 우리가 알고 있는 세계시민 사상, 코스모폴리타니즘의 시원입니다.[1]

1. 마음 열기

1) LA 흑인폭동

LA 흑인폭동은 1992년 4월 29일부터 5월 4일까지 미국 로스앤젤레스에서 벌어진 미국 역사상 12번째 흑인폭동으로 흑인뿐만 아니라 히스패닉까지 가세하여 미국 인종차별사에 기억될 사건입니다. 사건의 발생 과정에서 LA의 한인들도 인종차별을 포함해 큰 피해를 입었던 탓에 지금까지도 '4.29'라고 회자되는, 현지인들에겐 잊을 수 없는 사건입니다.

---

1) 강남순, 『코스모폴리터니즘과 종교』(서울: 새물결플러스, 2015).

폭동의 원인은 음주와 과속운전으로 도주하던 흑인 로드니 킹 (Rodney Glen King)을 검거해 집단 폭행한 백인 경찰관들이 1992년 4월 29일 재판에서 무죄로 풀려난 것을 계기로 촉발되었습니다. 그런데 폭동이 발생하자 흑인 시위대가 한인타운으로 몰려가 약탈과 방화를 일삼으면서 한인 사회에 막대한 피해를 입혔습니다.

또한 코리아타운이 백인 거주지와 흑인 밀집 지역 사이에 끼어 있는 지리적 여건 때문에, 이 역시 백인들을 향한 흑인들의 분노를 한국인들에게 쉽게 돌리도록 작용했습니다. 흑인 폭도들에 대항해 한국인들은 스스로 민병대를 조직해서 맞섰고, 자신들의 삶의 터전을 지켜내려 노력했습니다. 무엇보다 먼 타국에서 피땀 흘리며 희망을 지니고 잘살아보려고 애썼던 교민들은 이 사건을 통해 평화를 간절히 원했습니다.

로드니 킹 사건이 발발한 1991년 비슷한 시점에 한인 마켓에서 한국인 주인이 흑인 소녀와 다툼을 벌이다 살해한 '두순자 사건'(흑인 소녀 라타샤가 주스 한 병을 훔치다 주인 두순자 씨에게 발각되었는데, 두순자 씨를 때려 눕히고 떠나려는 순간, 두순자 씨가 권총으로 라타샤를 쏘았고, 그 자리에서 사망한 사건. 판사는 두순자 씨에게 500달러의 벌금과 400시간의 사회봉사를 선고)이 발생했는데, 1992년 4월 28일 LA 폭동이 시작되자마자 미국 언론은 1년 전인 1991년 3월 16일 발생한 '두순자 사건'을 집중 보도함으로써, 한국인과 흑인 사이의 인종 갈등을 증폭시키는 결과를 초래하게 되었습니다.

2) 조지 플로이드 사망 사건 : "숨을 쉴 수가 없어!" (I can't breathe!)

Wandbild Portrait George Floyd
von Eme Street Art im Mauerpark (Berlin Germany)

2020년 5월 25일 미국 미네소타 주 미니애폴리스(Minneapolis) 파우더호른(Powderhorn)에서 아프리카계 미국인인 조지 플로이드 (George P. Floyd)가 경찰에 의해 체포되는 과정에서 질식사당한 사건이 발생했습니다.

백인 경찰관 데릭 쇼빈(Derek M. Chauvin)이 위조지폐 사용 혐의로 체포해서 수갑을 채우고 땅 위에 엎드리게 하여 제압한 상태에서, 플로이드의 목을 8분 46초간 무릎으로 압박했다가 사망에 이르게 된 것이었습니다. 출동한 경관들은 플로이드가 의식불명 및 심정지 상태였다는 것을 인지했음에도 무력 행사를 멈추지 않았습니다. 특히 플로이드가 숨을 쉬게 해달라고 요구했던 사실, 그리고 의식을 잃은 후에도 무릎으로 플로이드의 목을 계속 짓눌러 호흡을 방해하는 비인간적인 장면이 담긴 목격자들의 영상은, 인터넷에서 빠르게 퍼지면서 큰 파장이 일어났습니다. 이에 항의하는 시민들의 목소리는 점점 커졌고, 얼마

지나지 않아 인종차별을 반대하는 항의 시위는 "Black Lives Matter!" ("흑인의 목숨도 소중하다!")라는 구호와 함께 미국 전역으로 퍼져나가게 되었습니다.

| 접속 2023. 3. 2. 조지 플로이드 사망 사건의 개요 조지 플로이드 사망 사건 – 위키백과, 우리 모두의 백과사전 (wikipedia.org) | 접속 2023. 3. 2. 조지 플로이드 체포 및 진압 영상 https://youtu.be/7dCQ5WogFCo |

LA 흑인폭동과 조지 플로이드 사건을 접한 후, 나의 생각과 의견을 한 줄 댓글로 작성하고 서로 나누어 봅니다.

■ 숨을 쉴 수 없다는 플로이드의 호소에도 불구하고 계속해서 목을 압박하다가 결국 그를 숨지게 한 경찰관 쇼빈을 어떻게 설명할 수 있을까요?

전 세계는 코로나 팬데믹으로 인해 어려움을 겪고 있습니다. 보스턴에서 있었던 일화인데, 코로나바이러스가 중국 우한에서 발생했다는 이유로 한 중국 학생이 기피와 혐오 발언을 넘어 폭행 위협까지 겪으면

서, "나는 코로나가 아니에요"라는 푯말을 만들어 들고 있었다고 합니다. 이때 많은 학생이 중국 학생에게 다가와 위로의 말을 건네며, 따스하게 손을 잡아주며 포용해 주었다고 합니다. 인종이나 국적, 서로 다름에 대한 맹목적인 차별과 혐오, 폭력과 분쟁이야말로 가장 위험한 바이러스가 아닐까 생각해 봅니다.

2. 생각 쌓기

1) 차이는 틀림이 아닙니다

1과에서는 인간의 근본적 가치인 존엄성과 평등성의 회복을 통해 불평등과 차별을 극복하며 평화와 통일의 가능성이 시작된다고 배웠습니다. 특히 레비나스(Emmanuel Levinas, 1906-1995, 프랑스 철학자)를 언급하면서, 서로 '다름'은 '차이'라고 할 수 있는데, 이렇게 당연한 '차이'가 때때로 받아들이기 어렵고 불편할 때, 문제가 야기됩니다.

우리는 국가, 인종, 종교, 성별, 세대, 외모, 정치, 경제, 문화 등 수많은 차이가 존재하는 세상에서 종종 '낯선 차이'를 맞이하게 됩니다. 그때 당연히 나와 상대의 차이를 받아들여야 하지만, 때때로 어떤 차이에 대해 불편함, 심지어 폭력성을 드러내기도 합니다. 남녀 간의 차이가 차별로 이어지고, 피부색의 차이가 인종차별로 이어지고, 종교 간의 차이가 폭력과 분쟁으로 이어집니다. 이러한 일들이 역사에서 수없이 일어났고, 지금, 이 순간에도 우리 주변에서 발생하고 있습니다.

레비나스는 서로 다름의 차이가 차별과 폭력, 분쟁으로 드러나는 원인을 전체주의에서 발견합니다. 그는 삶에서 히틀러와 독일 국가사회주의의 출현, 제2차 세계대전, 유대인 학살 등의 사건을 경험했습니다. 특히 제2차 세계대전에서 일어난 잔혹함과 폭력성은 인간의 절대

적, 인격적 가치를 부정하고, 전체성을 우선적으로 생각했기 때문에 발생한 것이라고 지적합니다.

인간 개개인은 전체의 틀속에 들어가고, 이용되며, 타자는 여기서 전체에 의해 지배됩니다. 이렇게 전체주의에는 개인의 인격과 존엄성에 대한 인식이 없습니다. 개체는 전체의 한 부분일 때만, 전체와의 연관 속에서만 존재의 의미를 갖게 되며, 전체주의 속에서는 한 개체의 고유성이 존재하지 않습니다. 여기에는 나와 다른 것, 또는 나와 구별되는 다른 이의 성격이 무시되기 때문입니다.

2) 개체와 전체의 평화

2과의 주제는 개인과 공동체의 평화입니다. 달리 말하면 개체와 전체의 평화라고 할 수 있습니다. 역사적으로 공동체를 위해서 개인이 희생되는 전체주의와 같은 수많은 일들이 있었고, 지금도 벌어지고 있으며, 다른 한편 개인의 이기주의로 공동체가 형성되지 않고, 상실되는 경우를 볼 수 있습니다. 포토 스탠딩 토론을 통해서 이 문제를 더욱 깊이 있게 성찰해 보도록 합니다.

■ 포토 스탠딩 안내 : 12장의 사진이 나타내는 주제를 간략히 제시합니다.

① 브렉시트(영국의 유럽 연합 탈퇴)와 시리아 내전으로 탈출하다 배가 난파되어 사망한 난민 쿠르디

② 자국 우선주의(미국의 트럼프 대통령: 미국 우선주의)

③ 자기 몸에 이질적인 것은 거부하는 면역 체계의 강화

(코로나로 인해 사회적, 관계적으로 확장). 면역강화가 지나치면 오히려 사이토카인 폭풍 등 부작용을 초래

④ 빈부 격차

⑤ 성별 갈등

⑥ 세대 갈등

⑦ 공동생활의 갈등

⑧ 다문화 갈등

⑨ 노사 갈등

⑩ 지역갈등(GTX 자기 동네로!)

⑪ 이-팔 전쟁과 갈등

⑫ 인도-파키스탄 갈등

■ 포토 스탠딩 토론 : 사회와 국가에서 일어나는 다양한 갈등

　　포토 스탠딩(Photo Standing)은 사진을 활용해서 자기 소개를 하거나 주제에 대해 이야기를 하는 토론입니다. 사진을 보여준 후 이를 통해서 주제와 관련된 이야기를 끌어냅니다. 사진은 다양한 의미를 담고 있을 수도 있지만, 1장의 사진을 보면서 다양한 해석이 가능합니다. 사진을 통해서 주제와 관련한 연상 작용을 하면서 창의적인 사고가 가능해지고, 이를 발표하는 과정에서 기발한 아이디어 등으로 인해 토론 분위기가 밝아집니다.

■ 포토스탠딩 절차

① 주제를 제시한다 : 공동체의 상실과 파괴(다름이 틀림은 아닙니다)

② 주제에 맞는 사진을 제시한다(모둠 또는 개인별로 한다: 1~3장까지)

③ 모둠원에게 자기가 고른 사진을 보여주면서 사진과 주제의 연관성을 설명한다.

⑤ 모둠에서 가장 좋은 설명을 한 사진을 선택한다.

⑥ 자기가 선택한 사진에 대해 선정이유를 아래의 **[활동지]**에 적는다.

⑦ 모둠별로 선택한 가장 좋은 사진에 대해 발표자가 설명한다.

⑧ 학습자들은 발표를 들으며 가장 좋은 설명을 한 모둠과 사진 내용을 활동지에 작성한다.

⑨ 모든 학습자의 발표가 끝나고, 활동지 작성이 끝나면 모둠 내에서 돌려본다.

[활동지]

토론주제 : 공동체의 상실과 파괴 (다름이 틀림은 아닙니다)
• 이 사진을 선택한 이유를 자기 소개와 함께 말해 주세요. 　(저는 ○번 사진을 선택한 ○○○입니다.)
• 가장 좋은 설명을 한 개인(또는 모둠)과 사진 내용을 작성하세요.

▲ 함께 토론하고 싶은 논제를 추출해 보세요.

개인과 공동체의 갈등에 관해 토론할 수 있는 논제를 유도하고 선정합니다.

예시)

— 내가 원하는 것이 소속된 공동체가 기대하는 것보다 우선되어야 한다.

— 자본주의 사회에서 부의 양극화는 어쩔 수 없는 현실이다.

— 부자에게 세금을 더 부과해야 한다.

— 군대에 가야만 하는 남성들에게 조금의 이익이 돌아가야 한다.

— 꼰대(라떼는 말이야)라는 용어의 사용은 세대를 이해하는 데 도움이 된다.

— 내 집에서는 어느 정도 소음을 유발할 수밖에 없다면 권리이니 상관 없다.

— 타 문화권 사람이라고 해서 혜택을 주는 것은 역차별에 해당된다.

— 노조의 설립과 노사 간의 대립은 경제에 도움이 안 되니 지양해야 한다.

— 자신이 속한 지역만 발전시키고자 하는 사람이 지도자가 되어야 한다.

— 이스라엘과 팔레스타인 분쟁은 '두 국가 해결론'(Two-State Solution)으로 가야 한다.

■ 심층토론(찬성/반대)

[토론 개요서]

교육 과정명	다름이 틀림은 아닙니다.		
소속		성명	
논제			
용어 정의	논제에 나타난 주요 용어 중 논의의 범위 설정에 필요한 핵심용어를 맥락(논의의 배경)을 고려하여 정의함(사전적 정의로만 해석하는 것은 지양)		
쟁점	▪ 쟁점 1: ▪ 쟁점 2: ▪ 쟁점 3:		
주장1		긍정측	부정측 (긍정측의 주장에 대한 반박적 주장과 부정측만의 새로운 주장을 섞어서 주장)
	단언		
	이유 · 근거		
주장2	단언		
	이유 · 근거		
주장3	단언		
	이유 · 근거		

① 긍정측 입론

논제	

- 논의의 배경:

- 용어의 정의:

- 개관제시:

- 주장 1 (단언):
  — 이유 · 근거:

- 주장 2 (단언):
  — 이유 · 근거:

- 주장 3 (단언):
  — 이유 · 근거:

- 주장의 요약 및 강조:

② 부정측 입론

논제	

• 긍정측 핵심 주장 제시:

• 개관 제시 (반박적 주장과 새로운 주장으로 구성):

• 주장 1 (반박적 주장의 단언):

 ― 이유·근거:

• 주장 2 (반박적 주장 혹은 새로운 주장의 단언):

 ― 이유·근거:

• 주장 3 (새로운 주장의 단언):

 ― 이유·근거:

• 주장의 요약 및 강조:

■ 심층토론 (예시)

[토론 개요서]

교육 과정명	다름이 틀림은 아닙니다.		
소속		성명	
논제	미국의 원자폭탄 투하는 정당한가? 비인간적인 핵폭탄을 써서 무고한 시민을 죽이면서 전쟁을 끝내는 것이 맞는가?		
용어 정의	논제에 나타난 주요 용어 중 논의의 범위 설정에 필요한 핵심용어를 맥락(논의의 배경)을 고려하여 정의함 (사전적 정의로만 해석하는 것은 지양) 원자폭탄: 질량에너지 등가원리에 의해 만들어진 전략무기. 당시 세계 2차 전쟁을 끝내기 위해 사용되었으며 수많은 사상자를 만들어 냄.		
쟁점	■쟁점 1: 원자폭탄을 사용하는 것과 사용하지 않는 것 중 어느 것의 　　　　 희생이 적었는가? ■쟁점 2: 원자폭탄을 투하했을 때의 결과를 알고 사용했는가? ■쟁점 3: 원자폭탄을 사용해야만 했던 이유가 있었는가?		
주장1		긍정측	부정측 (긍정측의 주장에 대한 반박적 주장과 부정측만의 새로운 주장을 섞어서 주장)
	단언	원자폭탄을 사용함으로 더 큰 희생을 막을 수 있었다.	원자폭탄으로 항복시키는 것이 최선의 방법이 아니었다.
	이유 · 근거	원자폭탄을 사용할 당시 일본 은 자살특공대를 운용하며 결 사항전을 외칠 만큼 전쟁에 거 부감이 없었습니다. 또 난징대 학살 사건을 보면 일본은 전쟁 의 과정 중에 무고한 민간인이 죽어가는 것을 신경쓰지 않 았습니다. 그렇기에 계속해서 전쟁이 이 어진다면 더 많은 무고한 민간 인의 희생이 일어날 수 있었 고, 실제로 미국의 기밀문서에 는 원자폭탄으로 일본이 항복	원자폭탄을 터뜨릴 당시 일본은 미드웨이 전쟁에서 패배해 무기 가 없어 쉽게 항복을 받게 할 수 있었음에도 민간인의 삶에 터전 에 원자폭탄을 터뜨림.

		하지 않을 시 '일본 분할 점령 방안'을 계획했던 내용이 적혀 있었습니다.	
주장2	단언	원자폭탄의 위력에 대해 무지했다.	더 큰 피해를 막기 위한 대량학살은 정당하지 않다.
	이유·근거	원자폭탄을 사용하기 전까지 원자폭탄에 대한 미국의 의식은 '조금 강한 폭탄'에 불과했습니다. 그 탓에 원자폭탄이 폭발한 후에 일어날 여러 부작용이 무고한 민간인을 죽일 것이라고는 도무지 생각하지 못했습니다. 이는 미국이 핵폭탄의 위력을 실험할 당시, 모든 피부를 노출하고 종이 신발을 신고 있었다는 것을 보아 알 수 있습니다. 비록 무지했다는 것이 자랑은 아니지만 떨어뜨리는 지역이 군주요시설이었던 점을 감안해 민간인 학살의 의도가 없었다고 생각합니다.	폭력은 어떠한 방법으로도 정당화 될 수 없기 때문에 더 큰 피해를 막기 위해 원자폭탄을 터뜨리는 것은 옳지 않다.
주장3	단언	미국이 원자폭탄을 사용하지 않았더라면 독일 또한 원자폭탄을 사용했을 가능성이 있다.	다음 세대 미래에 파급될 영향이 있다.
	이유·근거	당시 미국 맨해튼 프로젝트에서 중요한 점 중 하나는 독일 나치보다 빨리 개발해야 했던 것이었습니다. 독일에서도 핵무기 개발을 하고 있던 증거가 충분히 있었고, 2차 세계대전을 발발시킨 독일이 그 무기를 사용하지 않을 것이란 보장은 없었습니다. 그렇기에 미국의 원자폭탄 사용은 자국민의 희생을 막기 위함으로 볼 수 있습니다.	방사능 피폭이나 지진으로 인한 2차 피해로 더더욱 많은 피해를 유발할 수 있는 것에도 불구하고 원자폭탄을 터뜨림.

① 긍정측 입론

논제	미국의 원자폭탄 투하는 정당한가?

- **논의의 배경:** 미국의 원자폭탄 투하는 수많은 무고한 희생자를 만들어냈다. 우리는 이러한 피해를 만들면서까지 전쟁을 종결시켜야 했는지 다른 방법은 없었는지를 토론해보며 원폭투하의 정당성을 알아보자.

- **용어의 정의: 원자폭탄** 질량에너지 등가원리에 의해 만들어진 전략무기. 당시 세계 2차 전쟁을 끝내기 위해 사용되었으며 수많은 사상자를 만들어 냄.

- **개관 제시:** 미국의 원자폭탄은 당시 세계 2차 대전에서 일본의 항복을 위해 사용되었으며 더 큰 희생을 막았기 때문에 원자폭탄 투하가 정당했다고 생각함.

- **주장 1 (단언):** 원자폭탄을 사용함으로 더 큰 희생을 막을 수 있었다.

  — **이유 · 근거:** 원자폭탄을 사용할 당시 일본은 자살특공대를 운용하며 결사항전을 외칠 만큼 전쟁에 거부감이 없었습니다. 또 난징대학살 사건을 보면 일본은 전쟁의 과정 중에 무고한 민간인이 죽어나가는 것을 신경쓰지 않았습니다. 그렇기에 계속해서 전쟁이 이어진다면 더 많은 무고한 민간인의 희생이 일어날 수 있었고, 실제로 미국의 기밀문서에는 원자폭탄으로 일본이 항복하지 않을 시 '일본 분할 점령 방안'을 계획했던 내용이 적혀있었습니다.

- **주장 2 (단언):** 원자폭탄의 위력에 대해 무지했다.

  — **이유 · 근거:** 원자폭탄을 사용하기 전까지 원자폭탄에 대한 미국의 의식은 '조금 강한 폭탄'에 불과했습니다. 그 탓에 원자폭탄이 폭발한 후에 일어날 여러 부작용이 무고한 민간인을 죽일 것이라고는 생각하지 못했습니다. 이는 미국이 핵폭탄의 위력을 실험할 당시, 모든 피부를 노출하고 종이 신발을 신고 있었다는 것을 보아 알 수 있습니다. 비록 무지했다는 것이 자랑은 아니지만 떨어뜨리는 지역이 군주요시설이었던 점을 감안해 민간인 학살의 의도가 없었다고 생각합니다.

- **주장 3 (단언):** 미국이 원자폭탄을 사용하지 않았더라면 독일 또한 원자폭탄을 사용했을 가능성이 있다.

  — **이유 · 근거:** 이유나 근거: 당시 미국 맨해튼 프로젝트에서 중요한 점 중 하나는 독일 나치보다 빨리 개발해야 했던 것이었습니다. 독일에서도 핵무기 개발을 하고 있던 증거가 충분히 있었고, 2차 세계대전을 발발시킨 독일이 그 무기를 사용하지 않을 것이란 보장은 없었습니다. 그렇기에 미국의 원자폭탄 사용은 자국민의 희생을 막기 위함으로 볼 수 있습니다.

- **주장의 요약 및 강조:** 미국의 원자폭탄 투하는 더 많은 희생을 막기 위한 어쩔 수 없는 선택이었고 그로 인한 민간인 피해와 환경 오염 등의 대부분은 전에 예측하지 못한 무지에 의한 결과였기에 정당성 여부에 대해서는 관여할 수 없다고 생각함. 그러므로 원자폭탄 투하가 정당하다고 생각함.

② **부정측 입론**

논제	미국의 원자폭탄 투하는 정당한가?

• **긍정측 핵심 주장 제시:** 미국의 원자폭탄은 당시 세계 2차 대전에서 일본의 항복을 위해 사용되었으며 더 큰 희생을 막기 때문에 원자폭탄 투하가 정당했다고 생각함. 즉, 원자폭탄이 세계 평화에 기여함.

• **개관 제시 (반박적 주장과 새로운 주장으로 구성):** 미국의 원자폭탄 투하는 수많은 민간인의 피해를 만들었고 방사능 피폭 등으로 지구 환경에도 큰 피해를 끼침, 또 당시 일본의 상황을 보아 원자폭탄이 아니더라도 피해를 막을 수 있었다고 판단되는 바 원자폭탄 투하는 정당하지 않다고 생각함.

• **주장 1 (반박적 주장의 단언):** 원자폭탄으로 항복시키는 것이 최선의 방법이 아니었다.

　— **이유·근거:** 원자폭탄을 터뜨릴 당시 일본은 미드웨이 전쟁에서 패배해 무기가 없어 쉽게 항복을 받게 할 수 있었음에도 민간인의 삶에 터전에 원자폭탄을 터뜨림.

• **주장 2 (반박적 주장 혹은 새로운 주장의 단언): 더 큰 피해를 막기 위한 대량학살은 정당하지 않다.**

　— **이유·근거:** 폭력은 어떠한 방법으로도 정당화 될 수 없기 때문에 더 큰 피해를 막기 위해 원자폭탄을 터뜨리는 것은 옳지 않다.

• **주장 3 (새로운 주장의 단언):** 다음 세대 미래에 파급될 영향이 있다.

　— **이유·근거:** 방사능 피폭이나 지진으로 인한 2차 피해로 더더욱 많은 피해를 유발할 수 있는 것에도 불구하고 원자폭탄을 터뜨림.

• **주장의 요약 및 강조:** 아무리 전쟁 중이라고 하더라도 군인이 아닌 민간인이 피해를 입는다면 그것은 윤리적으로 올바르지 못하다고 생각하기 때문에 미국의 원자폭탄 투하는 정당하지 않다고 생각함.

3. 생각에 날개 달기

포토스탠딩 토론 어땠나요? 개인이 극단화되면 이기주의가 되고, 공동체가 극단화되면 전체주의가 되어, 차별과 혐오, 심지어 폭력과 분쟁이 발생하는 것을 확인했습니다.

생각에 날개 달기에서는 개인과 공동체, 개체와 전체 사이에서 발생하는 사회 문화적 현상을 면역 개념으로 설명하는 이탈리아의 정치철학자 에스포지토(Roberto Esposito)의 이론에 주목합니다.

1) 개인의 과도함—이기주의

코로나19로 '면역력'이란 말이 화두가 되었습니다. 면역 체계의 강화로 인해 나와 다른 이질적인 것이 침투하지 못하게 마스크를 착용해야만 하며, 사회적 거리를 두면서 경계를 중요시 하는 시대입니다. 이렇게 되면 개인주의가 더욱 팽배해지고 극단화되어 이기주의가 만연할 위험이 있습니다.

포토스탠딩에서 논의된 것처럼 이 시대 갈등으로 지적되는 계층, 직업, 이념, 세대, 젠더, 취미, 지역 등 자신과 비슷한 것만 추구하는 동질성(sameness)의 원리를 갖고 다름(otherness)을 배척하는 것입니다. 이를 의학적으로 면역성과 연결해서 생각한다면, 나의 몸과 다른 이질적인 것을 거부하는 것입니다.[2] 이것이 확장되면 나와 차이를 지닌 타인을 향해 거리를 두고,

거부하게 됩니다.

그런데 타인과 거리를 두는 것만이 나를 지키는 방법일까요? 아니면 타인을 향해 마음을 열고 환대해야 할까요? 이 질문들에 답하기 위해 면역 개념에서 말하는 이뮤니타스(immunitas)를 재해석 해봅니다.

면역 이론에서 보았을 때, 다름과 차이를 무조건 거부하고 자신의 방어체계를 굳건히 하는 극단적 이기주의는 '면역 폭풍'—자기 신체가 과도한 면역 물질을 분비해 정상 세포까지 공격하는 면역 과잉 반응인, '사이토카인 폭풍'을 불러일으켜 생명을 앗아갈 수 있습니다.

"공유지의 비극"(tragedy of commons)은 목동들의 이기심으로 자신의 사유지는 보전하고, 모두에게 개방되고 공유된 목초지에만 가축을 방목해 곧 황폐해진다는 개념입니다.

이러한 극단적 이기주의의 문제는 자신에게만 국한되지 않고, 초지·삼림·공기·물고기·지하자원과 같이 공동체 모두가 사용해야 할 자원에도 영향을 미칠 수 있습니다.

'면역 과잉'의 위험과 '공유지의 비극'에 처하지 않으려면, 마음을 열고 다양한 사람들, 낯선 사람들을 인정하며, 이타적으로 반응해야 합니다.

- 자기만 챙기는 이기적인 사람에 대한 생각을 자유롭게 나누어 봅니다.

---

2) 한병철, 김태환 옮김, 『피로사회』(서울: 문학과지성사, 2012).

▲ 면역 개념의 이해를 위한 어원적 정리

* 면역: immunity
* 면역의 라틴어 어원:

  immunitas = im (부정 접두사) + munus (공적인 의무, 책임)
* immunitas: 공적인 의무와 책임을 부정

  ─ 공적 의무와 책임에서 면제되거나 열외

아렌트는 『인간의 조건』에서 '공적인(public)' 것과 '사적인(private)'것을 비교합니다. '공적인(public)'이란 말의 변별적 의미를 'pubes(어른)'라는 라틴어와 관련시키는데, 'pubes'는 'puberty(사춘기)'의 어원이기도 합니다. 즉 공적인 삶은 어린이에서 어른으로 이행하여 자신을 돌보고, 타인을 돌볼 준비가 된 사람들의 활동무대로 이해하는 것입니다. 반면에 '사적인(private)'이라는 단어가 'privare'라는 라틴어에서 '박탈당한(deprived)'이란 단어가 파생했다는 것을 주목합니다. 현대인이 그토록 높은 가치를 부여하는 개인의 사생활이 고대에서는 뭔가를 박탈당한 형태로 여겼다는 것입니다. 고대에 완전히 사적인 사람을 그리스어로 'idiotes'라고 했는데 이는 영어 idiot(바보)의 어원으로 어리석은 말과 행동을 하는 사람을 뜻합니다.

한나 아렌트의 인간의 조건에서 비교하는 공적인(public) vs 사적인(private)	
공적인 (public)	사적인 (private)
pubes (라틴어, 어른)	deprived (영어, 박탈당한)
puberty (영어, 사춘기): 어린이 → 어른으로	Idiotes (헬, 사적인) → idiot (영어, 바보)

2) 공동체의 과도함—전체주의

이제, 공동체 이야기를 해볼까요?

'공적인(public)'이라 함은 라틴어 'pubes'를 어원으로 하며, 이 단어는 어린아이에서 어른으로 성숙해 가면서, 자신뿐만 아니라 타인을 돌볼 준비가 되는 'puberty(사춘기)'라는 단어를 파생합니다. 그렇다면 공적인 것이 무조건 성숙하고 좋은 것이니 사적인 것을 모두 포기하고 매달려야 할까요? 이런 질문을 해봅니다. "공동체를 위해 개인을 희생한 적이 있는가?"

예를 들면, 단체로 식사를 하러 갔을 때, 개인의 의견은 무시되고 메뉴를 통일한다거나, 체육대회 옷을 준비하면서 개인의 취향은 거절되고, 획일화된 옷을 입어야 하는 경우 등 공동체가 가능하기 위한 가장 중요한 조건인 개인의 욕구나 취향, 심지어 재산과 정체성까지 희생되는 경우가 너무 많이 발생합니다.

이것을 리스만(David Riesman)은 『고독한 군중(*The Lonely Crowd*)』이라는 책에서 '군중 속의 고독'이란 표현을 하는데, 공동체에 소속해 있지만, 자아가 상실되며 고독과 회의를 느끼게 되는 상태입니다. 자신의 취향을 포기하고 집단에 녹아들기 위해 노력하는데, 이는 외적으로 드러나는 사교성과는 달리 내적으로는 고립감과 불안으로 번민하는 고독한 군중을 만들어낸다는 것입니다.

공동체(communitas)는 구성원들이 공적인 의무와 책임(munus)을 함께 짊어져야만 생성과 지속이 가능하기에, 개인(immunitas)의 희생을 초래하게 됩니다. 타인들의 생각과 관심에 예민하게 반응하며 그 집단에서 격리되지 않으려고 노력하는 '외부지향형' 인간으로의 적응을 추구하는 것입니다. 심지어 공동체를 과도하게 추구하는 집단 안에서는 전체주의가 발생하며, 개인은 소외감과 외로움, 나아가 희생을 강요당하게 됩니다.

독일의 히틀러가 '인종'에 바탕을 둔 나치즘을 일으켰고, 구소련의 스탈린이 '계급'에 기초한 공산주의를 확장시켰는데, 이는 20세기 전체주의의 대표 격으로 많은 사람을 희생시키고 죽음으로 몰아넣었습니다.

- '공동체'를 위해 나를 희생한 경험이 있다면 자신의 생각을 자유롭게 나누어 봅니다.

▲ 공동체의 어원적 정리

* 공동체: community
* 공동체의 라틴어 어원:
  communitas = cum (~와 함께) + munus (공적인 의무, 책임)
* communitas: 공적인 의무와 책임을 함께 공유하고 감당하다.

3) 개인과 공동체의 조화

이처럼 조율하기 어려운 공동체와 개인의 복잡한 관계를 어떻게 해결하고, 둘 사이의 평화를 이룰 수 있을까요? 해답은 공동체와 개인, 개인과 공동체를 잘 조율하고 조화롭게 하는 것입니다. 이 둘 사이가 첨예하게 대립되면 여러 사회문제를 야기할 수 있습니다.

코로나19 팬데믹 상황을 예로 들어볼까요? 개인을 중시하는 서양은 방역 체계를 집단적으로 확립할 수 없었습니다. 개인의 정체성과 사생활이 중요하기에 역학조사는 불가능한 영역이었습니다. 한국에서도 이태원 클럽에서 시작된 코로나 확산이 커다란 위험을 야기했고, 급기야 개인의 거짓말로 코로나를 퍼뜨린 학원강사에게 징역 6월의 실형을 선고하기도 했습니다.

반면, 예로부터 단일민족이라 부르짖으며, 공동체를 중시하는 우리나라는 역학조사라는 명분으로 코로나에 감염된 개인의 동선을 샅샅이 찾아내 노출하였습니다.

또한 2천5백만 명이 거주하는 세계 최대 도시 중국 상하이가 2022년 3월 28일 봉쇄되었습니다. 코로나19 확진자가 25일부터 2천 명을 넘기면서 "봉쇄는 없다."라고 버티던 상하이 당국이 결국 '전면 봉쇄 정책'을 결정하면서 시민들의 불만과 의구심이 커졌습니다. 강력한 봉쇄를 바탕으로 한 중국의 '제로 코로나' 정책은 전체주의를 연상시킵니다.

"그렇다면 어떻게 개인과 공동체의 극단화로 인한 이기주의와 전체주의를 조심하며, 평화를 도모할 수 있을까요?" 단언하면 다름이 틀림은 아니며, 서로의 차이를 인정하고 수용해야 합니다. 이를 위해 개인과 공동체의 양쪽 극단에 치우치지 않아야 합니다. 즉, 개체에만 가까우면 자신만 존재하고, 전체에만 가까우면 자신을 잃게 됩니다. 개인과 공동체의 진정한 평화는 개인의 강한 정체성을 지키며, 공동체에 연합하기 위해 밖으로 향하는, 둘 사이의 긴장이 매우 중요합니다. 이 같은 개념을 '주체적 개인', 그리고 '개방적 공동체'라고 정의해 봅니다.

4. 삶에 접속하기―주체적 개인과 개방적 공동체

개인과 공동체의 복잡한 관계를 해결하고, 평화를 이루기 위해서는 이 둘 사이를 잘 조율하고 조화롭게 하는 것, 즉 주체적인 개인과 개방적인 공동체가 되어야 합니다. 그래야만 자아와 타자가 서로 연결될 수 있는 가능성이 생겨납니다.

면역의 긍정성(주체적 개인과 개방적 공동체)을 뒷받침하는 두 가지의 비유를 제시해 봅니다. 그것은 예방접종과 임신입니다.

1) 면역의 긍정성―예방접종, 임신

면역의 긍정성을 위한 첫 번째 비유는 예방접종입니다. 예방접종은 약화된 소량의 바이러스를 우리 몸에 침투시켜서 치명적 병원균에 대항할 수 있는 항체를 형성시키는 면역의 일종입니다. 우리가 생존하려면 외부의 무언가를 정상적으로 받아들이고 허용해서 면역을 형성해야 하듯이 나와 공동체를 위해서, 나 자신과 다른 이들을 수용하고 인정해야 합니다.

면역의 긍정성을 위한 두 번째 비유는 임신(pregnancy)입니다.

태아는 면역의 관점에서 볼 때 엄마에게 타자이지만, 면역 체계로부터 완벽하게 보호됩니다. 엄마는 태아에게 향하고, 태아는 엄마에게 향하지만, 서로 다른 주체의 결과는 오히려 생명의 불꽃을 일으킵니다. 따라서 바깥의 타자성과 이질성을 무조건 적(敵)으로 보면서 자아와 타자에 대한 견고한 장벽을 세우는 것이 아닌, 외부와의 적절한 교류, 즉 면역의 긍정성을 인정하는 것입니다. 에스포지토는 이를 '긍정적 생명정치'라고 말합니다.

예방접종과 임신의 유비를 통해 "자아에 대한 타자의 면역 반응은 부정적이기보다는 긍정적임"을 알 수 있습니다. 이를 통해 자아가 타자, 개인과 공동체가 서로 익숙해지는 삶의 과정을 이해하고 조화로움을 이루어야 한다는 것을 깨닫습니다. 이것이 생명과 평화를 이루어 가는 길입니다.

2) 우리는 평화를 원합니다! (We Want Peace!)

마음열기에서 언급했던 'LA 폭동'을 다시 생각해 봅니다. 사망 53명, 부상 4천여명, 물적피해 10억 달러의 막대한 피해를 입은 한국인들은 이 사건을 '폭동'이라고 표현하지 않았습니다. 폭동은 가해자와 피해자가 구분되어, 또 다른 차이와 차별, 혐오, 폭력, 분쟁을 낳을 수 있다고 여겼기 때문입니다. 한인들은 이 사건을 '4.29'라고 표현했고, 폭동이 휩쓸고 간 거리에 다시 모여 거리를 청소하며, "우리는 평화를 원한다(We Want Peace)"를 외치며 행진했습니다. 그러자 흑인들, 히스패닉, 심지어 백인들까지 한국인들의 "우리는 평화를 원한다(We Want Peace)"의 행렬에 합류했습니다.

이 큰일을 겪고 나서 결국 모두가 깨달았습니다. "우리는 모두 함께 살아가야 할 이웃이며, 동료인간이다!"

4.29 사건의 핵심은 다음과 같습니다. "피부색, 인종, 모든 다름과 차이. 이런 것이 중요하지 않다. 우리는 모두 공존해야 할 친구이며 함께 살아가야 할 이웃이다!"

	접속 2023. 3. 2. [3] https://youtu.be/tU1CpMu3lUA

2과에서의 결론은 개인의 다양성(diversity)은 타자와 공동체의 연합(unity)과 상관관계가 있어야 한다는 것입니다. 다양성은 공동체와 연결될 수 있는 상황, 환경, 조건들이 있어야만 연합할 수 있고 의미를

---

3) https://www.youtube.com/watch?v=LpJIeE9MuX0 달리 [SBS 교양공식채널].

만들 수 있습니다. 많은 학자들의 연구에서 발견되는 것은 "함께 연결되어 있을 때 의미가 발견된다.(meaning appears when things are hanging together)"라는 것입니다.

예를 들어, 퍼즐 맞추기(jigsaw puzzle)에서 퍼즐 판과 퍼즐 조각들이 모두 연결되어 있어야만 퍼즐 맞추기가 완성됩니다. 퍼즐 조각(fragment)이 따로 놀거나 퍼즐 판에 참여할 수 없으면 의미가 없습니다. 개인과 공동체. 이 두 가지가 역동적으로 관계하고 공존해야만 참다운 관계를 누리면서 살 수 있고, 올바른 상호관계를 가질 수 있습니다.

이제 면역 개념은 타인의 배제와 포섭과 같은 침입 및 방어의 논리에만 의존하지 않습니다. 자기와 타자의 경계는 언제나 유동적이고 상호침투적이며 그 과정에서 면역은 주체와 타자를, 내부와 외부를, 개인과 공동체를 끝없이 새롭게 구성해 나갑니다. 그런 점에서 면역은 미래를 기획하는 담론으로, 삶과 생명을 분리하기보다는 통합하는 담론입니다.

결론을 제안합니다. 개인의 이익과 사회의 공익이 충돌할 때 어느 것을 우선해야 하는가를 결정하는 방법이 중요합니다. 국가나 사회가 공동체의 목적을 위해 개인의 희생을 무조건 강요해서는 안 됩니다. 그렇다고 반대로 특정한 개인이나 집단이 공동체의 이익보다 자신의 이익에만 몰두하는 이기주의에 빠져서도 안 됩니다. 결론은 자명합니다. 개인의 이익은 사회 전체의 공익과 더불어 추구되어야 하고, 개인의 자유는 공동체 안의 다른 사람들에 대한 책임감과 더불어 누리는 것이 되어야 합니다. 이것이 개인들이 사회에서 함께 사는 길입니다.

[Activity] 1. 차이, 차별, 혐오, 폭력, 분쟁, 전쟁 등을 반대하는 노래들을 들어보면서 나의 생각을 적고 나누어 봅니다.

접속 2023. 3. 2.

— https://www.youtube.com/watch?v=f9iOQijDpRo 21 Guns

— https://www.youtube.com/watch?v=LUcfUGj-0wg Heal the world

[Activity] 2. 분단(지역, 이념, 정치외교, 마음)의 아픔을 알고
해결하는 피라미드 토론

"개인(immunitas)을 생각하면서, **남과 북의 주체성(독자성)**을 생각해 봅니다. 그리고 공동체(communitas)를 생각하면서, **남과 북이 함께할 수 있는 공동성**을 논의해 봅니다. 다음과 같은 절차로 피라미드 토론해 봅니다.

피라미드 토론 절차

접속 2023. 3. 2. (https://www.youtube.com/watch?v=AmDGbiQ-C3M)

① 제시된 주제와 관련된 질문에 관해 각자 세 가지를 각각 메모카드에 적습니다. 작성한 내용은 낱말 하나여도 되고 문장이어도 괜찮습니다.

② 각자 기록한 것을 갖고 옆 사람과 1대 1로 짝을 이루면 모두 여섯 장이 될 것입니다.

③ 상대방과 토론해서 카드 여섯 장을 세 장으로 줄입니다. 줄이는 과정에서 짝에게 자신이 적은 것이 주제와 어떻게 관련되는지를 설명해야 합니다.

④ 이런 과정을 거쳐 1+1, 2+2, 4+4, 8+8로 확장하면서 점차 카드를 줄여 갑니다.

⑤ 전체 참가자가 두 모둠으로 나뉠 때까지 토론을 하고 나서 마지막으로 정리합니다.

⑥ 두 팀의 내용을 놓고 전체가 모인 자리에서 마지막 합의를 거쳐 완성된 하나의 의견을 결정합니다.

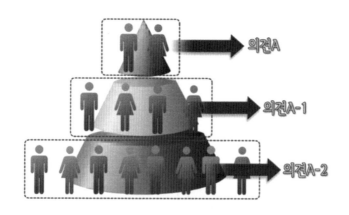

"우리는 일상의 삶 가운데 계속해서 평화를
연습하고 실천해야 합니다."

‖ 참조 사이트 ‖

p. 57
① http://www.kidd.co.kr/news/206720
② capitolhilloutside.com
③ https://www.hani.co.kr/arti/PRINT/862547.html
④ https://www.yna.co.kr/view/AKR20160913143700009
⑤ https://www.goodnews1.com/news/articleView.html?idxno=100211
⑥ http://m.ikoreadaily.co.kr/news/articleView.html?idxno=240743
⑦ https://www.ntoday.co.kr/news/articleView.html?idxno=77121
⑧ https://cm.asiae.co.kr/article/2019112505550916725
⑨ https://www.seoul.co.kr/news/newsView.php?id=20180730013001
⑩ https://www.dhdaily.co.kr/news/articleView.html?idxno=1471
⑪ https://busan.fnnews.com/news/202103071742562896
⑫ http://www.missiontoday.co.kr/news/2894

국가와 국가의 평화

소통과 공감의 자리가 평화를 만듭니다

1. 마음 열기

2022년 2월 4일부터 2월 20일까지 '2022 베이징 동계올림픽'이 개최되었습니다. 코로나19의 여파로 전 세계가 이전과 전혀 다른 일상을 살아가는 가운데 열린 겨울 스포츠 축제였습니다. 어려운 여건에도 불구하고 끝까지 최선을 다하는 우리 선수들의 모습은 지치고 힘겨워하는 우리 모두에게 가슴 뜨겁고 뭉클해지는 시간을 선사해주었습니다. 1988년 한국에서 개최된 '1988 서울 하계올림픽'을 떠올려 봅니다. 다음은 1988년 서울 올림픽의 공식 주제가 '손에 손잡고'(Hand in Hand)의 동영상(링크 또는 QR 코드 참조)과 가사입니다.

접속 2023. 3. 2.

Koreana − Hand in Hand | Opening Ceremony Seoul 1988 | Music Monday - YouTube

접속 2023. 3. 2. http://oly.ch/Olympics

손에 손 잡고

1. 하늘 높이 솟는 불 우리의 가슴 고동치게 하네
이제 모두 다 일어나 영원히 함께 살아가야 할 길 나서자
손에 손 잡고 벽을 넘어서 우리 사는 세상 더욱 살기 좋도록
손에 손 잡고 벽을 넘어서 서로서로 사랑하는 한마음 되자 손 잡고

2. 어디서나 언제나 우리의 가슴 불타게 하자
하늘 향해 팔 벌려 고요한 아침 밝혀주는 평화 나서자
손에 손 잡고 벽을 넘어서 우리 사는 세상 더욱 살기 좋도록
손에 손 잡고 벽을 넘어서 서로서로 사랑하는 한마음 되자 손 잡고

Hand in Hand

1. See the fire in the sky
We feel the beating of our hearts together
This is our time to rise above
We know the chance is here to live forever
For all time
Hand in Hand we stand all across the land
We can make this world
A better place in which to live
Hand in Hand we can start to understand
Breaking down the walls
That come between us for all time Arirang

2. Everytime we give it all
We feel the flame eternally inside us
Lift our hands up to the sky

The morning calm helps us to live in harmony

For all time

Hand in hand we stand all across the road

We can make this world

A better place in which to live

Hand in Hand we can start to understand

Breaking down the walls

That come between us for all time Arirang

잘 알려진 대로, 냉전으로 인해서 각각 '반쪽짜리 올림픽'으로 열렸던 1980년의 모스크바 올림픽과 1984년 LA 올림픽 이후, 냉전 종식을 상징이라도 하듯 '1988 서울 올림픽'은 소위 '동서 진영'이 모두 참여하는 그야말로 전 세계적인 평화의 축제로 자리 매김하였습니다.

2022년 겨울에 개최되었던 '2022 베이징 동계올림픽'에서 우리에게 감동을 안겨주었던 순간들에 관한 대화로 자연스럽게 이야기를 나눕니다. 그리고 한국에서 그보다 불과 5년 전인 2018년에 개최되었던 '평창 동계올림픽'에서 더 먼 과거의 시간으로 거슬러 올라가는 1988년의 '서울 하계올림픽'으로 이끕니다. 지금과는 많이 다른 대한민국의 상황이었지만, 우리로서는 세계적인 스포츠 축제를 처음으로 개최함으로써 여러 가지 면에서 도약과 발전의 계기를 마련한 기회였습니다. 무엇보다도 당시의 서울 올림픽은 냉전으로 인해서 각각 '반쪽짜리 올림픽'으로 열렸던 '1980 모스크바 올림픽'과 '1984 LA 올림픽' 이후에 냉전 종식을 상징하기라도 하듯, 동서 진영을 포함하여 당시 IOC

회원국 가운데 대부분인 160개국이 참가한 역대 최대 규모였다는 점에서 그 의미가 매우 큽니다. 이념과 사상의 갈등을 잠시 접어둔 채 모든 사람이 함께 즐기며 공정하게 경쟁할 수 있는 전 세계적인 '평화의 자리'였다는 뜻입니다. 링크를 통해 볼 동영상(4분 13초 분량)은 이 점을 상징적으로 보여주는 공식 주제가 '손에 손 잡고'(Hand in Hand)를 부르는 개막식 장면입니다. 가사에 집중하여 주제가를 함께 들어본 후, 이어지는 두 가지 질문에 대해서 의견을 나누어 봅니다.

● 마음을 여는 토의

⑴ 오늘날 모두가 함께 만들어갈 수 있는 '평화의 자리'는 무엇일까요?

⑵ 국가와 국가, 민족과 민족 사이에서 일어나는 분쟁과 다툼의 원인은 무엇인가요? 그리고 무엇이 평화로운 공생과 협력을 가로막고 있을까요?

　　첫 번째 질문은 오늘날 모두가 함께 만들어갈 수 있는 '평화의 자리'에 대해서 생각해보는 것입니다. 어떤 종류의 갈등과 반목과 분열의 상황이든, 모든 것을 (잠시나마) 내려놓고 함께 할 수 있는 방법과 형태는 무엇인지 고민해보면 좋겠습니다.

　　두 번째 질문은 정반대로 국가와 국가, 민족과 민족 사이에서 일어나는 분쟁과 다툼의 원인에 대해서, 평화로운 공생과 협력을 가로막고 있는 요인에 대해서 생각해보는 것이 목적입니다.

2. 생각 쌓기—평화 vs. 분쟁

'생각 쌓기'와 이어지는 '생각에 날개 달기'에서는 '마음 열기'의 두 가지 질문들에 관해 나눈 생각들을 더 심화시켜 봅니다. 모든 내용을 자세하게 다루는 것이 시간적으로 어려울 수 있으므로 위의 두 가지 질문 중에서 논의가 더 활발하게 진행되는 한 가지 주제에 집중하여 진행하는 것이 좋습니다. 시간적인 여유를 가지고 두 가지 질문을 모두 심화시켜나갈 계획이라면 아예 두 번에 나누어서 이 과를 진행하는 방식도 권해봅니다.

1) 평화의 자리는 어떻게 만드는가?

지금도 여전히 분단 중인 남과 북이 함께 할 수 있는 '평화의 자리'는 무엇일까요? 가장 먼저 체육 분야를 통한 소통을 생각해볼 수 있습니다.

'1988 서울 올림픽'이 보여주었던 것처럼 스포츠는 모두가 함께 할 수 있는 대표적인 평화의 자리가 될 수 있습니다. 우리는 이것을 몇 년 전에 직접 경험했습니다. 2018년 2월 9일부터 25일까지 개최되었던 '2018 평창 동계올림픽' 당시 우리는 여자 아이스하키 종목에서 1991년 탁구 남북 단일팀 이후 27년 만에 남북 단일팀을 구성하여 출전하였습니다. 다소 갑작스러운 결정에 여러 가지 면에서 찬반 논쟁도 뜨거웠지만, 극적으로 합의가 이루어진 결과였습니다. 아래의 동영상

(링크 또는 QR 코드 참조)이 그 당시의 감동을 전해줍니다.

접속 2023. 3. 2.
https://youtu.be/4163oPn8xS8

　　이것이 가능했던 배경은 다음과 같습니다. 2018년 1월 1일 신년사에서 북한 김정은 위원장은 평창 동계올림픽 참가를 시사하는 발언을 했습니다. 이전부터 북한의 올림픽 참가를 요청해 왔던 우리 정부는 이에 바로 화답하였고, 1월 9일에 판문점에서 남북 고위급 회담이 개최되었습니다. 회담 초기만 해도 북한의 평창 올림픽 참가 자체가 주된 논의사항이었고, 단일팀 구성은 시기적으로 늦어서 어려울 것이라고 예상되었습니다. 하지만 1월 12일 노태강 당시 문화체육관광부 제2차관이 한 언론사와의 인터뷰에서 남북 여자 아이스하키 단일팀 구성을 논의 중이라고 밝히면서 단일팀 구성 문제가 다시 관심사로 부각되었고, 이기흥 대한체육회 회장 역시 추진 입장을 밝히면서 논의는 급물살을 타게 됩니다. 이 과정에서 우리 선수들의 피해 및 전력 약화에 대한 우려와 정치적, 사회적인 요인들이 복잡하게 얽히면서 찬반 논쟁도 뜨거웠습니다. 결국 남과 북은 여자 아이스하키 종목에 단일팀을 내보내기로 합의하였고, 1월 20일 스위스 로잔에서 열린 IOC와 남북 올림픽위원회의 회의에서 최종 확정되었습니다. 참가자 증원에 대한 우리 측의 요청도 받아들여져서 12명의 북한 선수들이 단일팀 명단에 추가로 들어갈 수 있게 되었고, 단일팀 감독직은 남한 감독이 수행하지만 매 경기 최소 3명의 북한 선수들이 출전해야 한다는 등의 주요 사항도 함께 결정되었습니다. 그렇게 해서 1월 25일에 북한 선수들이 진천선수촌에 합류하면서 본격적인 단일팀의 일정이 시작되었던 것입니다.

예선 3연전, 순위 결정전과 7~8위 결정전에서 모두 패배한 결과만을 놓고 보면 단일팀의 성적은 상당히 부진했습니다. 사실, 같은 조에 편성된 팀들이 모두 우리보다 순위가 높은 강호들이었다는 점을 생각하면 예견된 결과이기도 했습니다. 하지만 결과를 차치하고라도 정말로 중요한 것은 서로 다른 이념적 배경과 그 밖의 모든 차이를 접어놓고 32일간 남과 북이 같은 목표를 향해서 한마음이 될 수 있었다는 사실입니다. 남북 단일팀 결성은 남과 북뿐만 아니라 전 세계의 많은 사람에게 승패를 떠나 올림픽 역사에 한 획을 긋는 반가운 일로 여겨졌습니다. 링크를 통해 시청할 4분 4초 분량의 동영상은 이때의 감동을 전해줍니다. 함께 시청해봅니다.

평화의 자리는 곧 화해와 하나 됨의 자리입니다. 상대방에 대한 편견이나 미워하는 마음, 나와는 다른 생각의 차이와 득실을 계산하는 태도를 잠시나마 내려놓고, 열린 마음으로 대화에 나설 때 평화의 자리도 마련됩니다.

체육 분야 외에도 소통과 공감이 장벽을 넘어서 평화의 자리를 만들어갈 수 있다는 생각을 쌓아 갈 흥미로운 주제들은 많습니다. 아래의 주제들을 바탕으로 '4. 삶에 접속하기>1) 마음으로 생각해보기'에서 평화의 자리가 어떻게 시작될 수 있는지를 함께 논의해보면 좋겠습니다.

(1) 남북 경제협력: 대표적으로 개성공단과 금강산 관광을 들 수 있습니다.

① 개성공단(Kaesong Industrial Region, 원래 명칭은 '개성공업지구')은 남과 북이 합작하여 추진했던 개성시 남동구의 경제특구를 말합니다. 2003년 6월에 착공되고 2005년 업체들의 입주와 함께 본격적으로 가동되기 시작했습니다. 2013년 한 차례 중단되는 과정(4~8월)이 있었지만, 이후 재개되었다가 북한의 4차 핵실험과 광명성호 발사 사건으로 인해 2016년 2월 10일 가동을 전면 중단하여 오늘에 이르렀습니다. 2015년 말 국회예산정책처는 노동력과 생산액 추이, 개발 잠재성 등을 근거로 하여 '가장 성공적인 남북 경협 사업 모델'이라고 평가하기도 했습니다. 공단 현황은 다음과 같습니다.

년도별 추이

구분	단위	2005년	2006년	2007년	2008년	2009년	2010년	2011년	2012년	2013년	2014년
입주기업	개사	18	30	65	93	117	121	123	123	123	125
북한근로자	명	17,621	11,189	22,538	38,931	42,561	48,284	48,206	53,448	52,329	53,947
생산액	천 달러	14,906	73,737	184,779	251,422	256,475	323,323	401,848	469,650	223,780	469,970

출처: 위키백과 '개성공업지구'

통일부 (www.unikorea.go.kr)〉 주요사업〉개성공단 [접속 2023. 3. 2.]	위키백과 '개성공업지구' [접속 2023. 3. 2.]	나무위키 '개성공단' [접속 2023. 3. 2.]

② 금강산 관광 사업은 남한 측에서 1998년 11월 18일부터 2008년 7월 13일까지 국민을 대상으로 하여 시행한 북한 금강산 관광 프로그램입니다. 사업자의 자금난과 바닷길을 통한 관광에 따른 과다한 시간 및 비용 소모로 인해 관광객이 감소하는 등 한때 중단 위기를 맞은 적도 있지만, 이 사업을 활성화하기 위한 법적, 제도적 장치가 마련되면서 계속 이어질 수 있었습니다. 또한 남과 북 사이에 철도 및 도로 연결공사의 진전으로 2003년 2월부터 육지를 통한 관광이 시작되면서 다시 활기를 띠게 되기도 했습니다. 그 결과 사업 시작 6년 만인 2005년 6월에 누적 관광객의 수는 100만 명을 넘어섰고, 2008년 8월에는 200만 명 돌파를 눈앞에 두고 있었습니다. 하지만 2008년 7월 11일 북한군에 의한 우리 측 관광객 피격 사망 사건이 발생하면서 관광이 전면 중단되었습니다. 현재에는 북한측의 일방적인 시설 철거가 진행되고 있습니다.

통일부 북한정보포털 '금강산관광사업' [접속 2023. 3. 2.]	나무위키 '금강산 관광' [접속 2023. 3. 2.]

(2) **문화 예술 분야의 교류:** 2018년 2월 북한예술단이 강릉(8일, 강릉아트센터)과 서울(11일, 국립극장)에서 두 차례 '평창동계올림픽·패럴림픽 성공 기원 삼지연관현악단(Samjiyon Orchestra) 특별공연'을 가졌습니다. 2002년 8월 서울에서 열린 8·15 민족통일대회 당시 동행

했던 북한예술단의 공연 이후 15년 6개월 만이었습니다. 공연에 참여하는 북한예술단원도 140명으로 역대 최대 규모였습니다. 이처럼 남·북 평화와 문화 교류 확대에 대한 기대감이 커지던 가운데, 같은 해 4월 1일 평양 동평양대극장(East Pyongyang Grand Theatre)과 4월 3일 류경정주영체육관(Ryugyong Chung Ju-yung Gymnasium)에서는 남북평화 협력기원 남측예술단의 공연이 열렸습니다. 공연의 부제목은 "봄이 온다"였습니다. 지난 2005년 류경정주영체육관에서 열렸던 조용필 콘서트 이후 13년 만에 개최되는 행사였습니다. 그 이후 세 번에 걸친 남북정상회담과 함께 평화 무드가 한층 무르익으면서 10월 평양예술단의 서울 공연 그리고 국립중앙박물관이 고려 건국 1100주년을 맞아 12월에 개최하는 '대고려 918~2018, 그 찬란한 도전' 특별전에 북한이 소장하고 있는 왕건상을 비롯한 고려 유물의 전시 계획을 두고 기대가 컸지만, 결국 아쉽게도 무산되었습니다. 그러나 이와 같은 문화예술 분야의 교류가 평화를 만들어갈 수 있는 확실한 디딤돌의 역할을 할 수 있다는 사실이 다시 한번 증명되었습니다.

(3) 역사, 언어, 농업 등의 공동 학술활동: 2018년 8월 16일 강원대학교[Kangwon National University(이하 '강원대')]와 평양과학기술대학교[Pyongyang University of Science and Technology(이하 '평양과기대')] 사이에서 남북공동연구 및 학술교류를 위해 맺은 업무 협약이 좋은 예입니다. 주요 협약내용은 4차 산업 농생명과학기술개발 공동연구, 축산과학기술 선진화 및 가축 전염병 예방 공동 연구, 산림 생태복구 및 종합 개발 공동 연구, 전문 의료인력 양성 및 인프라 구축 연구 등입니다. 같은 해 12월에는 전국 대학 총장으로는 최초로 김헌영 강원대 총장이 평양과기대를 방문하기도 하고, 대학원에 '평화학과'를

개설하여 통일강원연구원과 DMZ HELP 센터를 중심으로 남과 북의 동질성 회복, 접경지역 환경보존 등을 위한 연구에 주력하고 있지만, 남북관계가 답보상태인 만큼 기대했던 공동 연구는 진행되지 못하고 있습니다.

여기서 평양과기대에 대해서 보충설명을 하지 않을 수 없습니다. 사실, 평양과기대 자체가 남과 북의 합작품입니다. 북한의 교육성(=남한의 교육과학기술부)과 남한의 사단법인 동북아교육문화협력재단(East Education Foundation Canada)이 공동으로 투자하여 설립한 북한 최초의 사립대학이기 때문입니다. 신입생은 2010년에 처음으로 받기 시작했습니다. 특히 캐나다 온타리오의 본 한인교회(Vaughan Community Church)에서 적극적으로 투자에 나섰습니다. 이 교회는 매년 교인 중 전·현직 대학교수들을 초청 교수 형식으로 평양과기대로 보내며, 이들은 그 기간 동안 평양에 체류하면서 수업을 진행합니다.

2) 분쟁과 다툼은 왜 일어나는가?

이번에는 정반대로 국가와 국가, 민족과 민족 간에 분쟁이 발생하는 원인과 상황에 대해서 생각을 쌓아 봅니다.

국가와 국가, 민족과 민족 간에 분쟁이 발생하는 원인과 상황은 다양합니다. 대표적으로 우리는 자국의 이익, 민족/인종과 종교의 차이, 이념의 차이를 생각해볼 수 있는데, 대개 이러한 원인적 요소들은 명확하게 구분되기보다는 복합적으로 나타납니다. 한편, 나라와 나라 사이의 분쟁이나 전쟁은 아니지만, 한 나라 안에서 벌어지는 갈등도 '민족/인종 청소'(ethnic cleansing)를 동반한 전쟁의 양상으로 전개될 수 있습니다. 미얀마(Myanmar)에서 지금도 진행 중인 소수민족 로힝야족(Rohingya People)에 대한 박해와 군사 쿠데타로 인한 혼란의 상황이 대표적인 예입니다.

나라와 나라 사이에 전쟁이 발생하는 다양하고도 복잡한 원인은 대표적으로 자국의 이익(예: 제2차 세계대전이나 제1차 걸프전쟁), 민족/인종과 종교의 차이(예: 이스라엘과 팔레스타인 자치 정부[또는 주변 아랍국들] 사이의 갈등), 이념의 차이(예: 미국과 구소련을 중심으로 진행된 동서 진영의 냉전)입니다. 그 외에 한 나라 안에서 벌어지는 갈등도 전쟁과 다름없는 양상으로 전개될 수 있습니다. 이때 소위 '민족/인종 청소'(ethnic cleansing)가 동반되기도 합니다. '민족 청소'는 특정 이방인 또는 적대적인 민족을 배제하고 말살함으로써 그 민족 또는 인종이 뿌리내리지 못하도록 하는 정책을 일컫는 말로서, 강제 이주와 대량 학살이 자행되는 경우가 많습니다. 대표적인 사건들로 독일 나치의 유대인 학살['홀로코스트'(Holocaust)]부터 9년 가까이 지속된 유고슬라비아 전쟁(the Yugoslav Wars, 1991~1999년) 그리고 수십 년째 진행 중인 '미얀마의 로힝야족 박해'(Rohingya Persecution in Myanmar)를 들 수 있습니다.

로힝야족은 이슬람교 계열의 소수민족으로서, 이들에 대한 박해는 1962년부터 지금까지 계속되고 있고, 그동안 다수의 사상자는 물론이고 수십만 명의 난민이 발생했습니다. 가장 최근의 탄압으로는 25,000명의 사망자와 18,000명의 성폭행 피해자 그리고 75만 명의 난민을 만들어낸 2017년 8월 25일의 학살 사태를 들 수 있습니다. 당시 총책임자는 민 아웅 흘라잉(Min Aung Hlaing) 최고사령관이었는데, 바로 그가 지난 2021년 2월 1일에 쿠데타를 일으켜서 권력을 차지한 인물이기도 합니다.

군부는 쿠데타 감행의 이유로 2020년 11월에 치러진 총선에서의 부정선거 의혹을 내세웠지만, 실제로는 정치적, 경제적 기득권의 축소에 대한 군부의 우려가 그 이면에 있습니다. 이로써 유엔(UN)이 세계에서 가장 박해받는 민족으로 꼽았다고 하는 로힝야족에 대한 지속적인 학살 및 '민족 청소' 외에도 민주주의를 지키기 위해서 군부에 저항하는 수많은 시민이 목숨을 잃거나 체포됨으로써 전쟁을 방불케 하는 일들이 계속되고 있습니다.

http://life.ytn.co.kr 또는 https://www.youtube.com/channel/UCDww...

소수민족인 로힝야족에 대한 가장 최근의 큰 탄압은 2016년 10월 6일에 군부에 의해서 저질러졌는데, 2017년 8월 25일에 25,000명의 사망자와 18,000명의 성폭행 피해자 그리고 75만 명의 난민을 만들어낸 학살 사태[국제엠네스티 온타리오국제개발기구9OIDA]의 자료 참조]는 그중에서도 절정을 이루는 사건입니다. 로힝야족에 대한 '민족 청소'는 2015년에 아웅산 수치(Aung San Suu Kyi)가 이끄는 민주주의민족동맹(NLD)이 총선에서 승리하여 문민정부를 세운 후에도 계속되었고, 로힝야족에 대한 군부의 박해를 방관했다는 사실이 문제가 되어 아웅산 수치 국가 고문도 국제사회에서 거센 비판을 받았습니다. 이러한 상황에서 미얀마의 군부가 2021년 2월 1일에 일으킨 쿠데타로 국가 고문인 아웅산 수치, 대통령 윈 민(Win Myint)과 여당 지도자들이 축출되어 가택 연금되고 권력이 군부의 최고사령관인 민 아웅 흘라잉(Min Aung Hlaing)에게 이양되는 일이 발생했던 것입니다.

우리는 여기서 다시 한번 분쟁이 일어나는 요인들이 복합적이라는 사실을 확인하게 되며, 무엇보다도 자신의 기득권이나 이익을 위해서라면 다른 민족을 향해 폭력과 살상을 마다하지 않는 모습도 목격할 수 있습니다.

모든 인간은 존엄하고 평등한 존재라는 사실(1과 참조)을 망각할 때, 개인이 극단화된 이기주의와 공동체가 극단화된 전체주의(2과 참조)를 극복하지 못할 때, 그리고 이러한 망각과 극단화 상태가 개인과 공동체를 넘어, 한 국가와 민족으로, 국가와 국가 사이의 관계로 확장될 때, 평화의 자리는 사라지고 분쟁과 다툼만이 남습니다.

미얀마 사태에서 알 수 있듯이, 한 나라 안에서 벌어지고 있는 폭력적이고 비극적인 상황이 경제적, 정치적 기득권과 민족 및 종교의 차이라는 복합적인 이유로 인해 발생했다는 사실을 재확인하게 됩니다.

● 생각을 쌓는 읽을거리 & 들을거리

국제앰네스티(Amnesty International) [접속 2023. 3. 2.]	참여연대 소속 국제연대위원회 [접속 2023. 3. 2.]

3. 생각에 날개 달기―소통과 공감은 평화의 출발점

평화의 자리와 분쟁 및 다툼의 원인이라는 두 가지 주제의 흐름을 계속 따라가면서 이를 넘어서기 위한 발걸음을 어떻게 내딛어야 하는지 함께 생각해 봅니다.

이미 언급한 대로, '생각 쌓기'와 '생각에 날개 달기'는 상당히 많은 내용을 다루고 있습니다. 그러므로 모든 것을 다루려 하기보다는 '생각 쌓기'에서 나온 이야기를 중심으로 그 흐름을 계속 이어 나가는 것이 좋겠습니다. 두 번에 걸쳐 진행하는 것도 한 가지 방법입니다.

1) 우리는 평화를 원한다

평화와 분쟁을 이야기하면 러시아와 우크라이나 사이에서 벌어진 전쟁을 언급하지 않을 수 없습니다.

교재를 집필하는 시점에서 이 전쟁은 아직 진행 중입니다. 앞으로 어떻게 전개되고 무슨 일이 더 일어날지 전혀 알 수 없는 상황이므로, 지도자는 진행할 때 이 주제와 관련해서 최근 소식을 먼저 확인해보는 것이 필요합니다. 만일 전쟁이 종결된 후라면, 변화된 상황에 맞게 진행하면 됩니다.

(1) 러시아의 우크라이나 침공

2022년 2월 24일 러시아가 우크라이나의 영토를 침공함으로써 소위 '러시아-우크라이나 전쟁'(또는 '우크라이나-러시아 전쟁')이 본격화되었습니다. '시작'보다는 '본격화'라는 말을 사용할 수밖에 없는 이유는 이 전쟁이 실제로는 2014년으로 거슬러 올라가기 때문입니다. 2014년 2월 20일에 러시아는 우크라이나의 정권 교체 과정에서 자국민들을 보호한다는 명목으로 우크라이나 남쪽의 크림반도(Crimean Peninsula)를 점령 및 병합하였습니다. 당시부터 미국과 EU(European Union)를 중심으로 많은 나라와 국제단체들이 러시아의 침공을 비난하면서 국제적인 제재를 가하기 시작했고, 러시아는 북대서양 조약 기구(NATO[이하 나토])의 확장이나 우크라이나의 영토 활용 등 제3의 국가가 개입할 경우에 즉각적으로 보복하겠다는 뜻을 밝힘으로써 국제적 긴장 상황이 촉발되었습니다.

2021년 3월부터 러시아가 우크라이나 국경에 대규모 병력을 집중적으로 배치함으로써 두 나라 사이의 갈등은 점점 고조됩니다. 러시아는 자국 군대의 철수 조건으로 우크라이나의 나토 가입 금지와 동유럽에서 나토의 군인 및 군사장비의 감축 등을 내세웠고, 미국을 비롯한 나토 회원국들은 이러한 요구조건을 거부하면서 러시아가 우크라이나를 침공할 경우 2014년부터 진행되기 시작한 경제 제재를 더욱 강화하겠다고 선언했습니다. 2022년 1월에는 미국과 러시아의 양자 회담마저 무산됨으로써 위기와 긴장을 해소하기 위한 해결책이 제시되지 못했고, 결국 2월 24일 러시아는 우크라이나를 침공했습니다.

우크라이나는 과거 러시아[당시에는 구(舊)소련 연방 또는 소비에트 사회주의 공화국 연방(USSR=Union of Soviet Socialist Republics)]에서 독립한 나라입니다. 자유 민주주의 진영을 대표하는 서유럽과 공산주의 진영을 대표하는 러시아 사이에 놓여 있는 지정학적 위치로 인해 독립 이후에도 러시아와는 때로는 긴밀한, 때로는 긴장되는 관계를 유지할 수밖에 없었습니다. 전문가들은 러시아가 우크라이나를 침공한 이유를 여러 가지로 설명하고 있습니다. 우크라이나의 풍부한 곡창지대 장악, 옛 러시아 제국 또는 구소련 연방 영토를 회복하려는 러시아의 팽창주의, 우크라이나 내 친러시아파와 친서방파 사이의 분열, 그리고 우크라이나의 나토 가입 요청 등입니다. 특히 마지막 이유로 제시된 나토 가입이 성사될 경우, 결과적으로 나토를 중심으로 하는 소위 서방 진영의 영향력이 러시아의 문턱 앞에까지 이르게 되는 셈이기에 러시아로서는 그대로 방관할 수 없는 상황이었다고 합니다.

위키백과 [접속 2023. 3. 2.] → 현재 진행 중인 관계로 글이 계속 편집·증보될 수 있음!		
러시아-우크라이나 전쟁	2021년-2022년 러시아-우크리아나 위기	2022년 러시아의 우크라이나 침공

나무위키(namu.wiki)의 '2022년 러시아의 우크라이나 침공/전선'도 참조하세요.

안타깝게도 양측의 전쟁은 장기화되고 있습니다. 우크라이나가 러시아군의 즉각적인 철수를, 러시아가 우크라이나의 무장 해제와 지도부 축출을 전쟁 중단의 조건으로 내걸면서 양측은 평행선을 달리고 있습니다. 무엇보다도 가슴 아픈 일은 전쟁으로 인해 이미 적지 않은 군인들이 목숨을 잃었을 뿐만 아니라, 수많은 생명이 죽음의 위협에 내몰리게 되는 시간 자체가 길어질 수밖에 없다는 사실입니다. 부득이하게 삶의 터전을 등지고 떠나는 우크라이나 사람들의 수는 기하급수적으로 늘었고, 아이들을 포함하여 민간인이 목숨을 잃는 일들은 물론이고 물적 피해도 일일이 열거하기 힘든 상황입니다.

연합뉴스: 민간인 피해가 속출하고 있는 전쟁 22일째(=3월 18일)의 상황(1분 9초) [접속 2023. 3. 2.]	MBC 뉴스: 두 소년의 '나 홀로 피난길'(1분 26초) [접속 2023. 3. 2.]

아래의 사진을 함께 봅니다.

https://img.sbs.co.kr/newimg/news/20220308/201644970_1280.jpg

　　영상(두 소년의 '나 홀로 피난길' 영상 중 55초 이후 참조)을 캡처한
이 사진은 열 살도 채 안 되어 보이는 한 우크라이나 소년이 한 손에
펭귄 인형을 담은 비닐봉지를 든 채 소리 내어 울면서 혼자 피난 가는
모습을 보여줍니다. 주변에는 무리를 지어 함께 이동하는 사람들이
보이지만, 이 소년의 곁에는 아무도 없습니다. 홀로 걷던 소년의 모습이
담긴 짧은 영상은 폴란드 국경에서 촬영된 것으로 알려졌는데, 소년이

누구인지, 왜 부모도 없이 혼자 피난길에 오른 것인지는 알려지지 않았다고 합니다.

전쟁은 그 자체가 비극입니다. 먼저 공격하는 쪽이나 방어하는 쪽 모두에게 전쟁은 인간을 생명뿐만 아니라, 삶의 터전 전체를 파괴하는 극단적인 상황으로 내모는 비인간적인 행위입니다. 전쟁을 일으킬 '정당한 이유'가 존재할까요? 전쟁이 가지는 의미는 무엇일까요? 전쟁에서 승자와 패자를 논하는 일은 의미가 있을까요?

전쟁과 관련된 위의 질문(들)에 답하는 것은 의외로 간단하지 않습니다. 전쟁이 일어나는 원인, 당사자국 사이의 역사적 배경과 각각의 입장, 주변국들과의 관계 및 국제정세 등 함께 고려해야 할 요소들이 많고 학습자 개개인의 성향과 생각이 다양하기 때문입니다. 한 가지만큼은 분명히 확인하게 됩니다. 99퍼센트가 평화를 원할지라도 단 1퍼센트가 전쟁을 원하면, 평화가 아니라 전쟁이 일어날 수 있다는 사실 말입니다. 심지어 막강한 권력을 지닌 한 국가의 지도자가 마음먹으면 전쟁이라는 어마어마한 비극이 시작될 수 있다는 사실 말입니다.

이 자리에서 러시아와 우크라이나 사이의 전쟁과 관련된 내용과 주제를 다 다루기에는 분명 한계가 있지만, 다음의 질문을 진지하게 생각해보면 좋겠습니다. 과연 러시아에게는 전쟁을 계속할 명분이 있을까요? 전쟁을 바라보는 시선은 점점 더 냉담해지고 비판의 목소리가 오히려 커졌을 뿐입니다. 당장 경제적 피해만 해도 어마어마합니다. 우크라이나 경제장관은 3월 29일자로 러시아의 침공에 의한 우크라이나의 피해액이 690조 원에 이른다고 말했습니다. 이 액수는 물론 전쟁이 끝나지 않는 한 매일 증가할 것입니다. 무엇보다도 많은 사람들이 러시아 내부의 문제와 군인들의 사기 저하 및 무능력, 러시아의 우방국이 전무한 상태와 기존 친러 지역에서의 민심 이탈, 그리고 곳곳에서 목격되는 전쟁범죄를 들어서 러시아에게는 더 이상 전쟁을 계속할 만한 명분 자체가 없다고 지적합니다. 모든 상황이 전쟁이 아니라 평화가 답이라는 사실을 말해주고 있습니다. 따라서 진행자는 평화라는 주제에 초점을 맞추고, 전쟁으로 인한 생명 경시 및 말살, 영토와 자연 생태계의 파괴, 전쟁이 수반하는 기타 비인간적인 상황들을 논의의 범위로 삼으면서 논의의 방향과 최종적 목표가 평화라는 사실을 분명히 하는 것이 매우 중요합니다!

(2) 평화의 자리를 위한 작은 발걸음

전쟁이 진행 중일 때 평화를 위해 무엇인가를 한다는 것은 너무 막연해 보일 수 있지만, 전쟁으로 인해 고통당하는 사람들에게 손을 내밀어주는 일은 가능할 것입니다.

전쟁이 진행되고 있는 상황에서 평화를 지향하는 사람들로서 우리가 할 수 있는 일을 함께 생각해봅니다. 아래에 소개되는 세 가지 예는 우리가 참고해볼 만한 좋은 사례들입니다.

① "우리가 먼저 돕는다"—이웃나라 폴란드의 '환대 정신'

러시아가 우크라이나를 침공하면서 우크라이나를 탈출하는 '전쟁 난민'의 수가 급격하게 증가했습니다. 처음 5일 동안 67만 명이었던 피난민의 수는 3월 8일에는 200만 명, 3월 12일에는 250만 명, 3월 15일에는 300만 명을 넘어섰다고 합니다. 유엔난민기구(UNHCR)는 전쟁이 장기화될 경우 1,000만 명에 육박할 것이라고 예측했습니다. 이러한 상황에서 우크라이나와 문화적 유사성이 큰데다가 우크라이나 이민자 사회가 상당한 규모로 형성되어 있는 이웃나라 폴란드가 피난민 수용에 매우 적극적인 모습을 보여주고 있습니다. 3월 12일 당시 난민이 약 269만 명에 이르렀을 때 폴란드는 그중 60퍼센트가 넘는 우크라이나 피난민을 받아들였다고 합니다. 전쟁 초기만 해도 폴란드로 넘어온 사람들은 주로 친척이나 친구 등의 도움을 받아 임시로 정착했지만, 그 규모가 늘면서 최근엔 수도 바르샤바 외곽의 대형 전시장 등에 피난민들을 수용하고 있는 것으로 전해졌습니다.

우크라이나에서 오는 피난민들을 향한 폴란드 사람들의 '환대'는 다양한 형태로 나타났습니다. 폴란드 마트에서 생필품과 식자재들의 품귀 현상이 벌어진 적이 있는데, 이는 폴란드 시민들이 자발적으로 사비를 들여 구호 물품을 사서 우크라이나 난민들에게 나눠주었기 때문이라고 합니다. 난민들의 이동을 차량으로 돕거나 숙소를 임시로 제공하는 이들도 있었으며, 폴란드 시민들이 헌혈하기 위해 줄을 서서 기다리는 모습도 보였습니다. 우크라이나 어린이 난민들을 돕기 위해 유모차를 들고 대기하는 폴란드 사람들의 모습도 목격되었습니다. 심지어 폴란드 대통령 영부인은 관저 다섯 채 중 두 곳을 우크라이나 피난민들을 위한 임시거처로 내어주었다고 하며, 폴란드 정부 측에서도 우크라이나 난민들이 반려동물을 데리고 입국하는 경우 별다른 방역 절차가 없음을 고지하기도 했습니다. 무장 공격을 당한 회원국에 대해 어떤 지원도 가능하다는 나토 조약이 비회원국인 우크라이나에는 적용될 수 없기에 폴란드로서는 무기를 들고 함께 싸워줄 수 없지만, 전쟁으로 인해 고통당하며 도움을 구하는 우크라이나 사람들의 손을 폴란드 사람들은 뿌리치지 않았고 오히려 잡아주었던 것입니다.

폴란드와 우크라이나는 서로에게 국민감정이 그리 좋지만은 않다고 알려져 있지만, 이번 전쟁에 한해서는 폴란드 관민이 합심하여 우크라이나 난민들을 돕고 있습니다. 아마도 폴란드 역시 우크라이나와 마찬가지로 반러감정이 심한데다가, 우크라이나가 무너질 경우, 발트 3국(=에스토니아, 라트비아, 리투아니아)과 함께 러시아의 다음 타깃이 될 가능성이 크기 때문인 것 같습니다.

우크라이나는 1991년 독립할 때까지 러시아(당시 구(舊)소련 연방)에 속해 있었습니다. 이를 우리의 과거 역사와 연관시켜 생각하면, 우크라이나는 6·25 전쟁 당시 러시아와 중국의 편에서, 즉 공산주의 진영에서 우리를 대적하여 싸운 셈입니다. 그래서 어떤 사람들은 이러한 과거의 역사로 볼 때 우리가 과연 전쟁 중인 우크라이나를 도울 필요가 있는가 하는 입장을 내비치기도 합니다. 하지만 그렇지 않습니다. 과거 역사는 과거 역사로 분명히 기억하되, 평화를 지향한다는 관점에서 본다면 약자를 어떤 형태로든 돕는 일은 매우 중요합니다.[1]

② "작지만 참여하고 싶다"―한국 기업과 교민들의 '연민'(憐憫)[2]

유럽에 살고 있는 한국 교민들도 우크라이나 난민들을 지원하는 일에 나섰습니다. 3월 초에는 유럽의 한 한인 기업이 국내 기업과

---

1) 참조: 나무위키의 '2022년 우크라이나 난민 사태' [접속 2023. 3. 2.]
2) 아래 '3) 소통과 공감은 평화의 출발점이다'에 있는 자크 데리다의 '연민' 참조.

함께 라면 2만 개를 비롯하여 즉석밥과 과자 등 4만 유로 상당의 식품을 준비하여 민주평화통일자문위원회(이하 민주평통) 중동부유럽협의회를 통해 난민이 가장 많이 모이는 폴란드 국경 지역에 전달한 적이 있습니다. 이에 유럽 중부와 동부에 살고 있는 한인들도 "가능하면 작지만 참여하고 싶다."라는 뜻을 비치면서 모금에 동참하기 시작했고, 정종완 회장은 수량에 관계 없이 모으는 대로 보낼 계획이라고 밝혔습니다. 민주평통 협의회는 2차로 3월 11일에 슬로바키아 국경 지역에 라면, 즉석밥, 조미김, 과자 등 26톤 화물차 한 대 분량의 한국 식료품과 기초의약품을 기부했습니다. 이것은 현지에서 활동 중인 한인 선교사를 통해 우크라이나 국경 지대에 모인 난민들에게 분배되었다고 합니다. 또한 16일까지 국내외 4개 지역회의와 52개 협의회로부터 총 1억9천만 원 상당의 성금과 물품을 모아서 우크라이나에 지원했다고 밝혔습니다.

https://www.dispatch.co.kr/2190478

우크라이나가 겪고 있는 어려운 상황을 비교적 가까운 곳에서 목격하며 안타까워하는 이들이 있습니다. 바로 유럽에 사는 한국 교민들입니다. 다양한 이유에서 고국을 떠나 머나먼 타국에 정착하여 살아가고 있는 이들은 전쟁으로 인해 자신들이 살던 삶의 터전을, 고향이자 모국을 눈물로 떠나야 하는 우크라이나 사람들을 보면서 남다른 생각을 하지 않았을까요? 식료품 트럭이 우크라이나 피난민들에게 구호품을 전달했다는 소식을 들은 교민들은 십시일반으로 모금에 동참했습니다.

디스패치(Dispatch) [접속 2023. 3. 2.]	아시아투데이 [접속 2023. 3. 2.]

(3) '콘서트 대신 기부'—팬덤의 '선한 영향력'

방탄소년단(BTS)의 멤버 지민(본명 박지민)의 팬들이 전쟁으로 고통받는 우크라이나를 돕기 위한 기부 릴레이를 벌여 화제가 되기도 했습니다. 그 시작은 지민의 캐나다 팬들이었는데, 이들은 우크라이나 어린이들을 위해서 '박지민'의 이름으로 유엔난민기구와 유니세프 캐나다에 기부했다고 합니다. 그 후에 지민의 국내 팬들도 3월 10일, 12~13일 잠실 종합운동장 주경기장에서 열리는 BTS 서울 콘서트의 티켓 구매는 실패했지만, 그 비용을 '지민'의 이름으로 기부하겠다는 뜻을 밝히며 기부 릴레이를 이어갔던 것입니다. 평소에도 꾸준히 기부와 선행을 실천해온 지민의 영향을 받은 그의 팬들이 국적과 지역을 가리지 않고 기부에 동참함으로써 선한 영향력을 끼치고 있다는 소식은 평화를 바라는 우리 모두에게 훈훈한 감동을 선사해줍니다.

방탄소년단은 조지 플로이드의 죽음으로 촉발된 흑인 인종차별 반대 운동 'Black Lives Matter' 측에 100만 달러(=한화 약 12억 원)를 기부한 일로 이미 화제가 된 적이 있습니다. 특히 인상 깊었던 것은 이들의 기부 소식을 들은 전 세계 '아미'(ARMY=BTS의 공식 팬덤)들이 기부에 동참하여 빠른 시간 안에 같은 액수를 넘길 수 있었다는 소식이었습니다. 이번에도 그들은 움직였습니다. 비록 BTS의 콘서트는 직접 볼 수 없었지만, 이를 위해 준비했던 티켓 비용을 기꺼이 전쟁으로 고통받는 우크라이나의 어린이들을 위해 기부한 것입니다.

시사매거진: '콘서트 대신 기부' 방탄소년단 지민 팬들 전쟁지역 우크라이나 돕기 릴레이 [접속 2023. 3. 2.]	

　　위의 세 가지 사례는 전쟁을 멈추게 할 수는 없을지라도 평화를 염원하는 간절한 마음으로 내딛는 소통과 공감의 작은 발걸음이라고 할 수 있습니다. 우리가 실천해볼 수 있는 일은 무엇일까요?

　　전쟁지역으로부터 비교적 멀리 떨어져 있지만, 우리가 있는 곳에서 내밀 수 있는 도움의 손길은 무엇인지, 우리가 내딛을 수 있는 작은 발걸음은 구체적으로 무엇인지를 함께 고민해보고 전쟁 종식을 바라는 마음으로 평화를 위해 직접 실천해볼 수 있는 일을 결단하도록 유도하면 좋겠습니다.

2) 분쟁과 다툼은 비극을 가져올 뿐이다

국가와 국가 사이에서 일어나든, 한 나라에서 발생하든, 분쟁과 다툼이 가져오는 결과는 치명적이고 참혹합니다. 과거 역사에서 우리는 대표적으로 제2차 세계대전 중에 나치 독일이 점령지에서 계획적으로 유대인과 슬라브족, 롬인(Rom[=집시])과 동성애자, 장애인과 정치범 등 약 1,100만 명의 민간인과 전쟁 포로를 학살한 사건('홀로코스트'[Holocaust])을 생각해볼 수 있습니다. 캄보디아 내전(Cambodian Civil War) 중 1975-1979년 크메르 루주(Khmers Rouges) 정권이 사람들을 대규모로 처형한 사건(Cambodian genocide) 및 죽은 시신들을 한꺼번에 묻은 집단매장지들('킬링 필드'[Killing Fields])도 떠오릅니다. 두 사건은 포스트모더니즘(postmodernism)에서 '근대의 실패' 또는 '이성의 실패'를 보여주는 사례로 여겨지기도 합니다.

'홀로코스트'(Holocaust)와 '킬링 필드'(Killing Fields)에 관한 이야기는 아래의 QR 코드를 참조할 수 있습니다.

위키백과: 홀로코스트 [접속 2023. 3. 2.]	나무위키: 킬링 필드 [접속 2023. 3. 2.]

과거를 지나 현재로 오면, 전쟁과 내전이 가져오는 또 다른 참혹한 결과를 마주하게 됩니다. 바로 난민 문제입니다. '아일란 쿠르디 사건'을 통해 이 문제를 함께 생각해 봅니다.

연합뉴스

아일란 쿠르디(Alan Kurdi)는 시리아의 쿠르드계 세 살배기 어린이였습니다. 시리아 내전으로 인해 가족들과 함께 유럽으로 이주하던 중 지중해에서 배가 난파되었고, 터키 보드룸(Bodrum)의 해변에서 사망한 채로 발견되었습니다(2015년 9월 2일). 터키의 언론사 도안 통신(DHA) 소속 닐류페르 데미르(Nilufer Demir)가 찍어서 공개한 이 아이의 사진은 국제적으로 큰 파장을 일으켰습니다(아래의 1분 42초 분량 영상 참조). 이로 인해 유럽 전체의 난민 정책이 바뀌게 되었고, 많은 국가에 난민에 대한 기본적인 생각의 전환을 가져오도록 했습니다.

[접속 2023. 3. 2.]
YTN: 터키 해변에서 '3살 꼬마' 난민 시신 발견…
끔찍한 참상에 전 세계 공분(1분 42초)

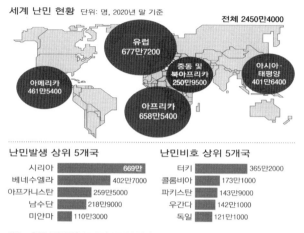

세계 난민 현황 단위: 명, 2020년 말 기준

전체 2450만4000

유럽
677만7200

아메리카
461만5400

중동 및
북아프리카
250만9500

아시아·
태평양
401만6400

아프리카
658만5400

난민발생 상위 5개국

시리아	669만
베네수엘라	402만7000
아프가니스탄	259만5000
남수단	218만9000
미얀마	110만3000

난민비호 상위 5개국

터키	365만2000
콜롬비아	173만1000
파키스탄	143만9000
우간다	142만1000
독일	121만1000

자료 : 유엔난민기구(UNHCR) 2020년 연례보고서,
UNHCR 데이터 포털(https://data2.unhcr.org/en/situations)

위의 도표가 보여주듯이, 시리아는 난민 발생 상위 5개국 가운데서 1위를 차지할 정도로 내전의 결과는 참혹합니다. 그런데 이제는 러시아의 우크라이나 침공으로 인해 발생한 우크라이나 난민들의 숫자가 시리아 난민들의 수를 훨씬 뛰어넘을 것 같아 안타깝기만 합니다.

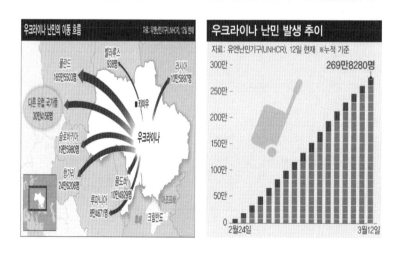

우크라이나 난민의 이동 흐름   자료: 유엔난민기구(UNHCR), 12일 현재

벨라루스
938명

폴란드
165만5503명

러시아
10만5897명

다른 유럽 국가들
30만4156명

키이우

슬로바키아
19만5980명

우크라이나

헝가리
24만6206명

몰도바
10만4929명

루마니아
8만4671명

우크라이나 난민 발생 추이

자료: 유엔난민기구(UNHCR), 12일 현재 ※누적 기준

269만8280명

300만
250만
200만
150만
100만
50만
0

2월24일   3월12일

참으로 안타까운 일은 아일란 쿠르디의 비극이 그 이후에도 계속되고 있다는 사실입니다. 2021년 6월에 15개월밖에 되지 않은 이란 출신의 난민 아동 시신이 노르웨이 해변에서 발견되는 일이 발생했습니다. 해변가에 죽어 있던 쿠르디의 사진이 많은 나라의 난민 정책에 전환점을 가져온 것은 사실이지만, 여전히 난민들이 발생하고 있다는 것은 그런 나라들에서 전쟁과 분쟁이 끝나지 않고 계속되고 있음을 보여줍니다. 특히 위에서 함께 보았던 '홀로 피난 가는 우크라이나 소년'의 모습은 전쟁이 가져오는 참혹하고도 비극적인 결과가 어떠할지를 여실히 보여주는 사례라고 할 수 있습니다.

경향신문: 반복된 '아일란의 비극' [접속 2023. 3. 2.]	한겨레: '쏟아지는 우크라 170만 난민 … 유럽 환대 정신 되살아나' [접속 2023. 3. 2.]

사실, 난민 문제는 이제 남의 일만은 아닙니다. 이미 2018년에 예멘 내전이 장기화하면서 세계 각지로 흩어진 난민 중 500명이 제주도로 입국한 적이 있어서 한때 난민 문제가 크게 부각된 적이 있습니다. 가장 최근의 일로 2021년 8월 25일 정부가 탈레반의 정권 장악으로 어려움에 빠진 아프가니스탄에서 그동안 한국을 도왔던 현지인과 그 가족 390여 명이 한국에 입국한다고 밝히면서 다시 한번 난민 문제가 이슈로 떠올랐습니다.

연합뉴스: 법무부 장관 성명(2분 5초) [접속 2023. 3. 2.]	연합뉴스: 탈레반 보복에 SOS...아프간인 380여명 내일 도착(2분 7초) [접속 2023. 3. 2.]

아프가니스탄에서 온 이들은 2022년 2월 10일을 끝으로 여수 해경교육원을 떠나 진짜 한국사회를 만나게 되는 자립의 길을 걷기 시작했습니다. 이제부터야말로 정부의 역할과 책임이 시작되었다고 강조하는 목소리도 높습니다. 한국은 난민과 별개로 간주하여 난민 통계에 넣지 않고 있는 탈북민과 관련해서도 여러 가지 해결해야 할 문제와 과제 앞에 서 있지만, 그렇다고 해서 난민 문제를 결코 등한시해서도 안 될 것입니다. 우리에게도 결코 남의 일만이 아닌 난민 문제에 대해서 우리가 생각해 보아야 하는 것은 무엇일까요?

한국의 난민 문제와 관련해서는 아래의 두 기사를 참조해볼 수 있습니다.

경향신문: '한국사회, 난민을 생각하다 (1): 난민 인정률 1.1% 예산은 24억 뿐… 준비 안 된 대한민국' [접속 2023. 3. 2.]	연합뉴스: [팩트 체크] '한국, 난민 지위 인정 최하위권?' [접속 2023. 3. 2.]

3) 소통과 공감이 평화의 출발점이다

인간의 근본적인 가치인 존엄성과 평등성을 회복하는 일이 어려운 과제이듯이(1과 참조), 평화의 자리를 위해 첫걸음을 내딛는 일은 쉽지 않습니다. 그리고 개인(이뮤니타스[immunitas])과 공동체(코뮤니타스[communitas])의 과도함이 가져오는 문제들이 심각하듯이(2과 참조), 국가와 국가 사이에서 또는 한 국가 내에서 발생한 분쟁과 다툼이 가져오는 결과는 암울해 보이기만 합니다. 하지만 그렇다고 해서 평화를 위한 우리의 노력이 멈추어서는 안 될 것입니다. '천리길도 한 걸음부터!(A journey of a thousand miles begins with a single step!)'—소통과 공감은 출발점이 될 수 있습니다!

21세기를 살아가고 있는 우리에게 '함께 살아가는 것'(공생[共生])이 가장 중요한 화두라는 사실을 부정하는 사람은 없을 것입니다. 사회정치, 경제, 환경 등의 측면을 생각했을 때 나 혼자만, 내가 몸담은 공동체만, 내가 속한 사회만, 내가 살아가고 있는 나라만 잘 사는 것은 이제 불가능합니다. 나와는 다른 타자, 우리 공동체에 속하지 않은 무리, 사회의 가장자리에 있거나 다른 사회에 속한 사람들뿐만 아니라, 인종과 관습이 다른 나라와도 소통과 공감이 절대적으로 필요한 이유가 여기에 있습니다.

자크 데리다(Jacques Derrida, 1930-2004, 프랑스 철학자)는 소통과 공감의 중요성을 '연민'(憐愍)이라는 말로 표현하였습니다. 우리말로 '다른 사람의 마음을 불쌍히 여기는 마음'을 뜻하는 '연민'의 어원은 '함께 고통받음'([라틴어]compassio→[영어]compassion)입니다. 이것은 나와 타자가 분리될 수 없다는 상호의존성을 전제하며, 공평성과

정의의 가치들을 포함함으로써 고통을 함께 느끼는 것을 넘어 그 고통을 가져오는 원인적 요소들을 제거하기 위한 적극적인 행동('연대'[連帶])을 유발합니다. 바로 이 연민이, 이를 바탕으로 한 소통과 공감이 개인과 공동체를 넘어, 한 국가와 민족 내부에서, 그리고 국가와 국가 사이의 관계 안에서 분쟁과 다툼을 극복하고 평화의 자리를 만들어갈 수 있는 출발점이자 동력(動力)이 됩니다.

인간의 근본적인 가치라고 할 수 있는 존엄성과 평등성이 온전하게 지켜지기만 한다면, 한 공동체나 사회 내의 연합에, 그리고 국가와 국가, 민족과 민족의 공생에 필요한 가장 기본적인 요소가 갖춰지는 셈입니다. 그런데 전쟁은 일순간에 이 모든 가치를 제거해버리는 것 같습니다. 평화를 향해 가는 길이 멀고도 험한 이유일 것입니다. 나와 다른 사람일지라도 그 사람의 존엄성과 평등성을 인정함으로써, 즉 타인과의 소통 및 공감을 통해서 평화는 시작됩니다. 지도자는 이 점을 모든 학습자에게 다시 한번 각인시키는 것이 중요합니다.

4. 삶에 접속하기—평화의 자리를 위한 첫걸음

'삶에 접속하기'에서는 앞의 내용을 바탕으로 평화의 자리를 만들어 가는 첫걸음을 직접 내딛을 수 있습니다.

1) 마음으로 생각해보기: '평화의 자리는 어떻게 시작될 수
  있는가?'

이스라엘과 팔레스타인 자치 정부 및 주변 아랍 국가들 사이의
적대 또는 긴장관계를 모르는 사람은 거의 없을 것입니다. 세계적으로
유명한 사교댄스 댄서인 피에르 듈레인(Pierre Dulaine)은 춤이 두
민족 혹은 두 커뮤니티의 정치적, 문화적 차이를 극복할 수 있는 결정적
인 매개체임을 확신하며 유대인과 아랍인 아이들이 함께 춤을 배우는
댄스교실을 연 적이 있습니다. 그의 댄스교실은 민족 간의 갈등을
극복하고 춤으로 소통하며 우정을 쌓을 수 있는 공간이 되었고, 서로
다른 민족과 커뮤니티에 속하던 아이들은 함께 춤을 배우며 평화를
만들어가는 것이 무엇인지를 배울 수 있었습니다. 이 프로젝트는
'Dancing in Jaffa'(2013년)라는 제목의 다큐멘터리 영화로 제작되기도
했습니다(링크 또는 QR 코드 참조).

http://bit.ly/sxaw6h

접속 2023. 3. 2. Tribeca FF (2013) – Dancing In Jaffa Official Trailer #1 HD – YouTube	

코로나19가 전 세계의 일상을 바꾸어 놓은 지도 2년이 지났습니다. 우리에게도 많은 어려움과 변화가 있었지만, 팬데믹의 소용돌이 속에서 현실적으로 더 큰 위기를 맞은 것은 경제적으로 가난한 나라의 사람들입니다. 13억 인구의 인도도 예외는 아니었습니다. 그런데 코로나19가 발생했던 초기에 위험을 무릅쓰고 쌀과 밀, 콩과 양파, 설탕과 소금, 마스크 등 비상식량 포대를 가장 열악한 슬럼가에 나누어준 한국 선교사들이 있었습니다. 원정하 선교사도 그중 한 사람입니다. 한국과는 너무도 다른 기후환경과 기본적인 위생 상태는 물론이고, 통행금지령, 점포와 직장의 강제 영업 중지 및 대중교통 운행 정지와 같은 최악의 상황에서 펼친 긴급 구호 사역은 종교나 인종 등 그 밖의 모든 차이를 넘어 오로지 사람의 생명을 최우선으로 생각했기에 가능했습니다. 한 마디로, 코로나 지옥에서 생명을 나누었던 것입니다.

[접속 2023. 3. 2.] SBS 모닝와이드 2020년 7월 7일 방송(7분 44초)	[접속 2023. 3. 2.] CGNTV 하늘빛향기 534편 2021년 6월 18일 방송(39분 12초)

듈레인의 프로젝트와 관련된 링크는 다큐 영화가 아니라 3분 55초 분량의 공식 예고편(Official Trailer)입니다. 원정하 선교사의 이야기를 다루는 SBS 모닝와이드 방송이 전반적으로 2020년 당시 인도의 코로나 상황을 함께 보여주고 있다면, CGNTV 하늘빛향기는 일종의 대담 및 간증 프로그램이라고 할 수 있습니다. 시간과 여건이 허락한다면 영화 Dancing in Jaffa 전체나 하늘빛향기 534편을 함께 시청해보는 것도 좋습니다. 그리고 나서 어떻게 국가와 국가, 민족과 민족 사이에 존재하고 있는 민족/지역, 이념/사상, 인종과 종교 등의 장벽을 허무는 일에 동참할 수 있는지, 평화로운 공생에 기여할 수 있는 방법은 무엇인지 참여자들이 함께 고민해보도록 합니다.

● 올림픽과 같은 스포츠 축제나 BTS의 음악 활동은 소통과 공감으로 시작하여 교류와 협력 관계를 만들어갈 수 있는 대표적인 평화의 자리입니다. 듈레인의 프로젝트나 원정하 선교사의 구호 사역도 같은 맥락입니다. 그 외에 경제, 문화, 학술 분야 등도 이를 위한 좋은 출발점이 될 수 있습니다. 소통과 공감을 위한 구체적인 아이디어를 함께 모아봅니다. 그리고 우리가 직접 실천할 수 있는 일을 생각해보고, 가능하다면 실제로 시도해봅니다.

동서 진영의 화합의 장이 되었던 1988 서울 올림픽이나 극적으로 남북 단일팀이 구성되었던 2018 평창 올림픽에서 확인했듯이, 체육 분야는 소통과 공감을 넘어서 교류와 협력 관계를 만들어갈 수 있는 대표적인 평화의 자리입니다. 이와 함께 경제, 문화, 학술 분야 등도 이러한 자리를 만들어가기 위한 좋은 출발점이 될 수 있습니다. 소통과 공감을 위한 여러 노력과 시도를 간략히 소개해주고 3) 구체적인 아이디어들을 나누어봅니다.

2) 마음으로 행동하기: '평화를 위한 작은 발걸음'

한국 사람이 아니면서도 동족상잔이라는 비극적인 역사에 함께 했던 이들이 있습니다. 바로 6.25 전쟁 참전 용사들입니다. 이들은 생전 들어보지도 못한 동아시아의 작은 나라에서 벌어진 전쟁에 투입됨으로써 전쟁의 고통과 아픔을 고스란히 경험했고, 그 이후부터 지금까지 그 기억을 안고 살아가고 있습니다.

코로나19 유행 초기에 우리 정부는 22개국 6.25 전쟁 참전 용사들에게 마스크, 진단 키트, 방역 물품 등을 담은 '생존 박스'(Covid-19 Survival Box)를 선물함으로써 고마움을 표시한 적이 있습니다.

그중에서도 아프리카에서 유일하게 지상군을 파병한 에티오피아의 강뉴(Kangnew=혼돈에서 질서를 확립하다) 부대 출신의 참전 용사들에 관한 이야기는 많은 감동을 안겨 주기도 했습니다. 자신들의 조국에서 9,000km 이상 떨어져 있는 낯선 나라로 파병되었던 에티오피아 참전 용사들은 6.25 전쟁이 끝나고 귀국하면서 경제적으로 어려운 현실을 마주하게 됩니다.

특히 1974년 군부의 쿠데타로 공산주의 정권이 수립되면서 그들은 자유주의 진영에서 싸웠다는 이유로 재산을 몰수당하고 직장에서도

---

3) 2. 생각 쌓기 1) 평화의 자리 [지도자용] 참조.

퇴출당하는 일들을 겪게 됩니다. 1991년에 공산주의 정권이 무너졌지만 그들의 삶은 달라지지 않았습니다. 평균 연령이 90세인 생존자 132명 (2020. 5. 기준)과 그들의 가족에게 마스크 4만 장이 전달되었습니다. 그들의 이야기는 아래의 링크를 참조하세요.

연합뉴스: 에티오피아 참전용사에 마스크 전달… "희생에 감사"(8분 59초) [접속 2023. 3. 2.] 	KBS: 6·25 특집 다큐 "영웅의 귀환" 에티오피아 강뉴부대(48분 50초) 2017년 6월 24일 KBS 1TV에서 방영. '강뉴'란 초전박살이라는 의미이다. 단 한 명의 피해도, 단 한 명의 포로도 없었던 전설의 부대! 6.25 전쟁이 발발하자 들어본 적도 없는 이국땅에서 한국의 자유를 지키기 위해 참전했던 에디오피아 강뉴부대를 재조명했다. http://https://program.kbs.co.kr/1tv/ culture/tv20170393/pc/index.html

오늘날에도 분쟁과 고통의 현장에서 위험을 무릅쓰고 그 나름대로의 방식으로 평화를 위해 수고하는 사람들이 있습니다. 인종과 진영을 구분하지 않고 오로지 사람의 생명을 지키기 위해 노력하는 사람들(예: 국경없는의사회=Médecins Sans Frontières)이나 모든 사람이 인권을 누리는 세상을 만들기 위해서 활동하는 사람들(예: 국제엠네스티 =Amnesty International) 그리고 전 세계의 가난하고 아프고 고통받는 이들을 돕고 있는 사람들(예: 사마리안퍼스[Samaritan's Purse])입니다. 특히 전쟁으로 인해 고통 받고 있는 우크라이나의 긴급 구호를 위해 앞장서고 있는 단체들도 있습니다(예: 유엔난민기구[UN Refugee Agency]와 유니세프[unicef] 등).

● 이들에게 작은 힘을 보태보면 어떨까요?

— 국경없는의사회 후원 | 국경없는의사회 (msf.or.kr) 또는
https://amnesty.or.kr/donation/#pledge

— [국제엠네스티] https://amnesty.or.kr/donation/#pledge

— [사마리안퍼스] https://samaritanspurse.or.kr/project-giving/

— [유엔난민기구]
https://www.unhcr.or.kr/unhcr/program/donate/support_index.jsp

— [유니세프]
https://www.unicef.or.kr/event/2022ukraine/?trackcode=22ukraine_hb_2

후원의 방법은 다양합니다. 지속성을 생각하면 정기 후원이 가장 좋겠지만, 처음부터 부담이 된다면 특별한 날이나 사건(생일, 기념일 등)을 맞아 일회적으로 후원해보는 것도 좋습니다. 다섯 단체를 간략하게 소개합니다.

(1) 국경없는의사회(Médecins Sans Frontières = MSF)[4]의 활동

이 단체는 1971년 12월 20일 프랑스의 베르나르 쿠슈네르(Bernard Kouchner) 등 청년 의사들이 주축이 되어 설립된 비정부기구(NGO)입니다. 나이지리아의 비아프라 전쟁(Biafran War)에서 국제 적십자사 활동을 하다가 분리되어 설립되었다고 합니다. 1996년 서울평화상을 수상한 바 있으며, 1999년에는 당시 회장이었던 제임스 오빈스키

---

4) 홈페이지: https://msf.or.kr/

(James Orbinski) 박사가 국경없는의사회 대표로 노벨평화상을 수상하기도 했습니다. 이들의 활동과 신념은 아래의 '헌장'에 잘 나타납니다.

① 국경없는의사회는 고난에 처하거나, 자연재해, 인재 혹은 무력분쟁으로 고통받는 사람들을 인종, 종교, 정치적 신념과 관계없이 돕는다.

② 국경없는의사회는 보편적인 의료 윤리를 따르며, 누구나 인도주의적 구호를 받을 권리가 있으므로 중립성과 공정성을 준수하고, 활동을 수행하는 데 아무런 제약을 받지 않는 완전한 자유를 가져야 한다.

③ 구성원들은 직업윤리를 지켜야 하며, 어떠한 정치적, 경제적, 종교적 영향력으로부터 철저한 독립을 유지한다.

④ 구성원들은 자발적으로 참여한 사람으로서 수행하는 임무의 위험성과 부담을 인지하고, 단체가 제공할 수 있는 것 외에 어떠한 보상도 요구하지 않는다.

(2) 국제앰네스티(Amnesty International)[5]의 활동

이 단체는 "중대한 인권 학대를 종식 및 예방하며 권리를 침해받는 사람들의 편에 서서 정의를 요구하고자 행동하고 연구를 수행하는 것"을 목적으로 영국인 페터 베넨슨(Peter Benenson), 에릭 베이커(Eric Baker), 루이스 쿠트너(Luis Kutner)가 설립한 비정부기구입니다. 철조망에 둘러싸인 촛불 모양의 로고는 억압 속에서도 꺼지지 않는 인류연대의 희망을 의미합니다. 현재, 사형 폐지, 난민 보호,

---

5) 홈페이지: https://amnesty.or.kr/

국제 사법 정의 실천, 소년병 동원 반대, 여성 폭력 추방, 무기 거래 통제, 양심수 등에 대한 인권 옹호, 기후 대응 운동을 펼치고 있습니다. 우리나라에서는 한 예로 2005년 10월 28일에 한국정신대문제대책협의회와 함께 기자회견을 통해 종군 위안부 보고서 "60년이 넘도록 계속되는 기다림"을 발표한 적이 있습니다. 그들의 '활동 원칙'은 세 가지로 요약됩니다.

① 보편적: 국적, 종교의 차이를 초월하여 보편적으로 판단하고 활동한다.

② 민주적: 앰네스티는 어느 곳에 한정되지 않으며, 전 세계 회원들의 의사를 따른다.

③ 국제운동: 세계 160여 개국과 800만 명의 회원들이 참여하는 국제적인 활동을 전개한다.

⑶ 사마리안퍼스(Samaritan's Purse)[6]의 활동

사마리안퍼스는 성경에 나오는 '선한 사마리아인 이야기'를 바탕으로 미국의 밥 피어스(Bob Pierce) 선교사가 1970년에 설립한 이래로 전 세계의 위기 지역을 찾아가서 가난하고 아프고 고통에 시달리는 사람들에게 식품과 의료 등을 제공함으로써 실질적으로 도움을 주는 기독교 구호재단으로서, 지금은 프랭클린 그래함 목사가 이끌고 있습니다. 철저한 대응 준비 및 실행 체계를 통해 전 세계에서 발생한 분쟁, 재난, 기근, 전염병의 상황에서 고통받는 사람들에게 필요한 것을 공급

---

6) 홈페이지: https://samaritanspurse.or.kr/

하는 일에 특화된 국제적인 비정부기구입니다. 지난 2020년에는 한국에도 지부가 설립되었습니다. 이 단체의 '사명 선언문'(Mission Statement)은 다음과 같습니다.

"사마리안퍼스는 초교파적 복음주의 기독교 재단으로 세계의 고통받는 사람들에게 영적, 물질적 도움을 제공합니다. 사마리안퍼스는 1970년부터 전쟁, 빈곤, 자연재해, 질병, 기근의 피해를 입은 사람들을 도우며 예수 그리스도를 통해 하나님의 사랑을 전하고 있습니다. 우리는 전 세계의 교회를 섬기며 주 예수 그리스도의 복음을 전합니다."

(4) 유엔난민기구(UN Refugee Agency)[7]의 활동

정식 명칭은 유엔 난민 고등판무관 사무소(UNHCR, United Nations High Commissioner for Refugees)로서, 각국 정부나 유엔의 요청으로 난민들을 보호하고 돕기 위해서 1950년 12월 14일 스위스 제네바에서 설립되었고, 1954년과 1981년에는 노벨평화상을 수상하기도 했습니다. 제2차 세계대전이 발발하면서 유럽에서 발생한 120만 명의 난민 문제를 해결하려는 문제의식과 고민이 설립의 계기입니다. 유엔난민기구는 난민들을 보호하고 전 세계의 난민 문제를 해결하기 위한 국제적인 활동을 이끌고 있습니다. 활동의 주요 목적은 단연 난민들의 권리와 행복을 보호하는 것입니다. 한국대표부는 2001년 일본 동경 지역사무소 산하 연락사무소로 처음 문을 열었고, 2006년에 독자적인 사무소로 승격되었습니다.

---

7) 홈페이지: https://www.unhcr.or.kr/

⑸ 유니세프(unicef)[8]의 활동

유니세프 또는 유엔아동기금은 1946년 12월 11일 유엔총회의 결의에 따라 전쟁 피해 아동과 청소년들의 구호를 위해 설립된 기구입니다. 처음 명칭은 유엔국제아동구호기금(United Nations Interna-tional Children's Emergency Fund)이었고, 이를 줄여 유니세프[unicef (소문자 표기 주의!)]라고 하였습니다. 1953년에 현재의 명칭인 유엔아동기금(United Nations Children's Fund)으로 바뀌었지만, 유니세프라는 약칭은 그대로 사용되고 있습니다. 1965년에는 노벨평화상을 수상했습니다. 주로 성금 접수, 상품 판매 후 수익금 일부의 적립, 자선 콘서트 등을 통해 모금함으로써 개발도상국이나 제삼세계 국가들의 빈민 가정 아동들을 위해 구호품을 공급하는 일을 하고 있습니다. 유니세프는 지원이 필요하다고 판단하는 개발도상국에는 국가사무소(Country Office)를, 선진국 33개국에는 유니세프 국가위원회(UNICEF National Committee)라는 선진국형 조직을 설치 및 운영합니다. 대한민국은 유니세프 국가사무소가 설치된 국가에서 국가위원회가 설치된 국가로 변경된 유일한 국가인데, 실제로 회원국 중 수혜국에서 지원국으로 바뀐 나라는 한국이 유일합니다.

이외에도 세계평화를 위해 활동하는 기관과 단체들은 수없이 많습니다. 자기 유익이 아니라 공공의 유익과 평화 정착을 위해서 노력하는 이들을 응원하고 후원하는 일은 그런 점에서 의미가 매우 큽니다.

---

8) 홈페이지: https://unicef.or.kr

3) 마음으로 소원하기: '남과 북의 평화'

국가와 국가, 민족과 민족의 평화라는 주제를 함께 생각해본 만큼 이제 잠시 남과 북의 평화로도 눈을 돌려봅니다. 6.25전쟁 이래 남과 북의 관계는 현재 어떤 상태일까요?

혹시 정전(停戰), 휴전(休戰), 종전(終戰)의 정확한 의미와 차이를 알고 계시나요?

접속 2023. 3. 2.
KTV : 정전·휴전·종전의 차이점?
(3분 49초)
https://www.korea.kr/news/policyNewsView.d
o?newsId=148854116

www.ktv.go.kr

먼저, 정전(停戰), 휴전(休戰), 종전(終戰)의 정확한 의미와 차이를 이해하기 위해서 동영상을 함께 시청합니다.

① **정전 (停戰)** : 전투 중인 나라들이 합의하여 일시적으로 전투를 중단하는 것을 뜻하며, 교전 당사국들이 정치적 합의를 이룰 수 없어서 국제적 기관이 개입하는 경우가 일반적입니다. 남과 북은 1953년 7월 27일에 체결된 정전협정이 현재에도 유효한 상태입니다.

② **휴전 (休戰)** : 국제법상 여전히 전쟁 중이지만 당사국 간의 협상을 통해 전투를 잠시 멈춘 상태를 가리킵니다.

③ **종전 (終戰)** : 전쟁이 완전히 끝난 것을 말합니다.

　　남과 북은 현재 휴전 상태입니다. 언제든지 전쟁 상태로 돌아갈 수 있다는 뜻입니다. 따라서 한반도에 종전선언이 이루어진다면 1953년에 체결된 정전협정 이후, 근 70여 년 만에 전쟁이 종식되는 셈입니다. 물론 이것으로 이 땅에 평화를 이루기 위한 과정이 다 끝나는 것은 아닙니다. 종전선언과 함께 평화협정이 체결되어야 하는 이유가 여기에 있습니다.

　　'전쟁이 없는 상태가 곧 평화다'라고 말하기는 어렵습니다. 정전 및 휴전 중인 남과 북 사이에 현재 전쟁은 없을지라도 여전히 평화가 아닌 긴장관계가 지속되고 있으니까요. 따라서 한반도에 진정한 평화가 시작되려면 전쟁이 공식적으로 종결되어야 합니다. 종전 선언이 전쟁을 끝내자는 의사 표명이라면, 상호 불가침 조약을 포함하는 평화협정은 서로에 대한 적대적 태도를 멈추기로 약속하고 평화를 회복하기 위해서 법적, 제도적으로 맺는 합의 문서입니다.

● 정전협정에서 종전 선언과 평화협정으로 나아가는 길에 작은 힘을 보태보면 어떨까요?

한반도 평화선언(Korea Peace Appeal)
전 세계 1억 명 서명운동에 동참하기
[접속 2023. 3. 2. 한반도 종전 평화 캠페인 Peace Campaign to End the Korean War]

한반도 종전 평화 캠페인은 평화를 위한 작은 발걸음을 함께 내딛는 일입니다. 함께 참여하여 직접 서명해보게 합니다. 물론 자발적으로 하는 것이 중요합니다. 서명 외에 우리가 직접 할 수 있는 또 다른 일이 있는지 생각을 잠시 나누어보는 것도 좋겠습니다.

오늘날 우리는 70여 년이 넘은 남과 북의 분단 상황이 남북 갈등뿐만 아니라 이에 따른 남남갈등도 가져오게 되었다는 사실을 경험하고 있습니다. 평화의 자리를 만들어가는 일을 혹시 너무 거창하게 생각하고 있는 것은 아닐까요? 인간이 존엄하고 평등한 존재라는 사실과 서로 다름을 인정하고 존중해주는 것이 절대적으로 중요하다는 사실을 인식하고 기억할 때, 그리고 이를 소통과 공감으로 드러낼 때 평화는 개인과 개인 사이, 공동체와 공동체 사이를 넘어, 국가와 국가, 민족과 민족 사이에서도 시작될 수 있을 것입니다. **평화는 일순간에 이루어지는 것은 아닙니다. 일상의 삶 가운데 우리는 계속해서 평화를 연습하고 실천해야 합니다.**

마지막 두 문장은 평화교육교재 전체의 핵심을 담고 있습니다. 이것이 이 교재의 목표이자 결론입니다.

4) '평화'에 대한 보다 깊은 논의

기회가 된다면 '국가와 국가, 민족과 민족의 평화'에 대한 논의를 심화시켜볼 수 있습니다. 단, 상당히 민감한 주제들이 될 수 있으므로 지도자가 토론을 잘 이끌어야 합니다.

● 평화를 이루기 위해서 또는 유지하기 위해서 무기는 (어느 정도까지) 필요한가?

2021년 9월 15일, 우리나라는 독자적으로 개발한 잠수함 발사 탄도 미사일(SLBM)의 잠수함 발사 시험을 성공적으로 마침으로써 전 세계적으로 이러한 능력을 보유한 일곱 번째 국가 되었습니다. 그리고 불과 7개월 만인 2022년 4월 18일에는 연속 발사에 성공하기도 했습니다. 북한은 아직 잠수함에서 직접 SLBM을 시험 발사하지 않은 것으로 알려졌지만, 미사일 제작 기술의 수준이 이미 상당히 높다는 사실은 이제 비밀이 아닙니다. 그렇다면 '북한이 핵을 가졌으니 우리도 가져야 한다.'라는 논리에 따라서 군비 증강과 최첨단 무기 생산 경쟁을 계속 이어가는 것이 맞는지 자문해보지 않을 수 없습니다.

우리는 기독교의 예수, 인도의 간디, 미국의 마틴 루터 킹이 보여준 비폭력주의를 잘 알고 있습니다. 그런데 이러한 (절대적) 비폭력주의가 평화를 가져오고 유지하기에 충분할까요? 우리가 살아가고 있는 현실을 생각해보면 쉽게 답변하기가 어려워 보입니다. 러시아의 우크라이나 침공과 이로 인해 나타나는 결과들을 바라보면서, 우리는 전쟁을 반대하고 평화를 지향하는 우리의 기본적인 입장을 재차 확인하면서도, '최소한 나를, 나의 조국이 스스로를 방어할 수 있기 위해서라면 무기를 비축하고 군비 증강을 해야 하지 않는가?'라는 현실적인 질문을 던져보지 않을 수 없습니다. 평화를 이루기 위해서 또는 유지하기 위해서 무기는 필요할까요? 필요하다면 어느 정도까지 필요한 것일까요?

의견이 다양할 수 있는 만큼 토의 진행자는 학습자들이 서로를 존중하면서 자신의 의견을 나눌 수 있도록 분위기와 방향을 신중하게 잡아주어야 합니다. 무리하게 한 가지 결론을 도출해낼 필요는 없지만, 평화라는 주제와 목표가 논의의 틀 안에 있는 것이 중요하며, 참된 평화가 무엇이고 어떻게 만들어갈 수 있는지를 함께 생각해볼 수 있도록 지도하면 좋겠습니다.

(위의 '4) 평화에 대한 보다 깊은 논의'의 진행 여부와 무관하게) '국가와 국가, 민족과 민족의 평화'에 대한 주제 토론을 전체적으로 마무리하고 생각을 정리하면서 존 레논(John Lennon, 1940-1980)의 'Imagine'을 함께 들어보면 좋겠습니다. 특히 가사에 집중해봅니다.

IMAGINE - John Lennon & the Plastic
Ono Band(3분 53초)
[접속 2023. 3. 2.]

Imagine there's no heaven
It's easy if you try
No hell below us

천국이 없다고 상상해보세요
해보려고 하면 어려운 일도 아니죠
우리 아래 지옥도 없고

Above us, only sky	오직 위에 하늘만 있다고 생각해봐요
Imagine all the people	모든 사람이
Livin' for today Ah	오늘 하루에 충실하며 살아간다고
	상상해보세요
Imagine there's no countries	국가라는 것이 없다고 상상해보세요
It isn't hard to do	그건 어려운 일도 아니죠
Nothing to kill or die for	죽이는 일도 없고 목숨을 바쳐야 할 일도 없고
And no religion, too	종교도 없다고 생각해봐요
Imagine all the people	모든 사람이 함께
Livin' life in peace You	평화롭게 살아가는 것을 상상해보세요
(Chorus)	(*)
You may say I'm a dreamer	당신은 날 몽상가로 부를지도 모르겠네요
But I'm not the only one	하지만 나만 그런 것은 아니랍니다
I hope someday you'll join us	언젠가 당신도 동참하길 바라요
And the world will be as one	그러면 세상은 하나가 되어 살아가겠죠
Imagine no possessions	소유물이 없다고 상상해보세요
I wonder if you can	당신이 그럴 수 있을지 모르겠군요
No need for greed or hunger	탐욕을 부리거나 굶주릴 필요도 없고
A brotherhood of man	형제애가 형성되겠죠
Imagine all the people	모든 사람이
Sharing all the world You	세상을 함께 공유하는 것을 상상해보세요
(Chorus)	(*) 반복

번역: '想像의 숲'(https://jsksoft.tistory.com/15277)

우리 교재의 목표이자 결론을 다시 한번 제시하며 마무리합니다.

"평화는 일순간에 이루어지는 것은 아닙니다. 일상의 삶 가운데 우리는 계속해서 평화를 연습하고 실천해야 합니다."

제4과

남북한의 평화

우리는 선(線)을 넘어 만나야 합니다

■ 배경 설명

4과는 1과 "우리는 존엄하고 평등합니다", 2과 "다름이 틀림은 아닙니다" 그리고 3과 "소통과 공감의 자리가 평화를 만듭니다"의 '평화'라는 큰 주제와 흐름을 같이합니다. 남북한의 모든 주민, 각 사람에게 주어진 고유의 인권은 모두 존엄하고 평등합니다. 우리는 '주체적 개인'이요, '개방적 공동체'의 일원으로 서로를 존중해야 하고 존중받아야 합니다. 그리고 그러한 공동체와 국가는 소통과 공감을 통해, 보다 큰 평화를 만들어가게 됩니다.

이런 배경 아래 남북한은 한반도라는 지정학적 공간 안에 서로 공존할 수밖에 없는 '운명공동체'임을 기억해야 합니다. 하지만 같은 민족임에도 불구하고 동서 냉전 체제의 역사적 틈에 끼여 분단되고, 전쟁까지 치렀습니다.

그리고 70년 가까운 시간이 흐른 지금도 남북한은 여전히 한반도를 가로지르는 휴전선을 경계로 대치 중입니다. 전쟁이 끝난 것이 아니라, 휴전협정에 의해 전쟁이 잠시 중단된 상태일 뿐입니다. 언제든지 전쟁은 다시 시작될 수도 있는 상황이며, 그것이 현실입니다. 그러나 우리에게 더욱더 심각한 것은 눈에 보이는 분단선(휴전선)보다 70여 년 동안 적대적 관계로 지속되어온 남북한의 상호불신으로 인해 깊이 새겨진 '마음의 분단선'입니다.

이 '마음의 분단선'을 극복할 수 있다면 실제적인 분단선(휴전선)을 넘어설 수 있는 단초가 제공되고 그 길이 시작되기에 이것은 매우 중요한 과제입니다.

1. 마음 열기: 분단이 주는 아픔

먼저 함께 영상을 시청합니다. 전쟁으로 인해 남북한 사이에 생긴 '휴전선'이라는 '분단선'이 주는 아픔에 공감하기 위한 영상입니다. 두 영상을 통해 남북한의 분단은 민족적 문제이며, 동시에 인류의 보편적 인권과 평화에 반하는 것임을 알아야 합니다. 이러한 비극적 분단국으로서의 현실은 한반도에서 오늘도 '현재진행형'으로 남아 있습니다. 이러한 현실을 가장 잘 반영해 주고 있는 사건이 이산가족문제입니다.

이산가족에 대한 인류애적 접근은 외국 출신 청년들의 "이산가족을 찾습니다"라는 프로그램을 시청하는 모습을 통해서 더욱 잘 드러납니다. 이 프로그램은 KBS가 1983년 6월 30일부터 11월 14일까지 453시간 45분 동안 생방송으로 방영했습니다. 이와 관련된 기록물은 2015년 10월에 유네스코 세계기록유산에 등재되기도 했습니다. 이산가족 1세대는 대부분 고령층으로 이들이 대면 상봉으로 가족을 만날 수 있는 시간은 2021년 기준으로 앞으로 5년 정도 남았다고 합니다.[1]

1) 영상보기

다음 두 영상은 한국전쟁(1950~1953)으로 인해 헤어졌던 이산가족들이 만나는 영상입니다. 하나는 지난 2018년 8월 금강산호텔에서 열린 제21차 남북 이산가족 단체상봉 행사에서 있었던 영상입니다.

---

[1] https://news.jtbc.joins.com/article/article.aspx?news_id=NB12038296.

또 하나는 KBS가 1983년에 한국전쟁 33주년과 휴전협정 30주년을
기념하여 제작한 특별 프로그램 <이산가족을 찾습니다>의 일부를
남한에 있는 외국 출신의 청년들이 시청하고 소감을 나누는 영상입니다.

접속 2023. 3. 2.
https://www.youtube.com/watch?v=mSyEA8MdjQU

접속 2023. 3. 2.
https://www.youtube.com/watch?v=39sd5FJDL94

전북일보 2019. 9. 11
http://www.jjan.kr/2060711

경향신문 2021. 12. 09
https://m.khan.co.kr/politics/defense
-diplomacy/article/202112091602001
/amp

첫 번째 영상—5분 10초 중 3분 10초까지/ 두 번째 영상—3분.
시간 조절을 위해 제시된 부분까지만 시청하길 권합니다. 남북 이산가족
실태조사 결과, 이산가족 82퍼센트는 북한 가족의 생사 여부조차 확인하
지 못한 것으로 나타났습니다. 아래 기사를 참고하기 바랍니다.

"이산가족 상봉 사실상 5년 남아"…고향 방문 수요 늘어: jtbc뉴스. 2021.12.9.
https://news.jtbc.joins.com/article/article.aspx?news_id=NB12038296
검색 2023. 3. 2.

2) 생각 나누기

제시된 세 개의 질문 중 학습자가 쉽게 답할 수 있는 질문 한두 개 정도를 선택하여 답하도록 해주시기 바랍니다.

① 두 영상 속 이산가족 상봉 장면과 외국인 청년들의 반응을 본 느낌을 말해 봅니다.

② 한반도가 정전 상황이며, 분단된 상태임을 언제 느꼈는지 이야기해 봅니다.

③ 남북한이 한 민족이라는 것을 느꼈던 때와 과거에 남북한이 교류하고 협력했던 모습을 기억나는 대로 말해 봅니다.

위의 각 질문에 아래와 같은 답변을 참조할 수 있습니다.

① 가족과 혈연이 주는 매우 친밀한 관계에서 오는 뜨거운 만남이 가슴을 뭉클하게 합니다. 이산가족문제는 국가와 인종을 초월한 인류 보편적인 정서를 담고 있습니다.

② 군대에서 철책 너머로 보이는 북한을 봤습니다. 이렇게 가깝구나, 우리나라가 진짜 분단국가이구나. 분단이 엄연한 현실이구나.

③ 일본이 독도에 관해 망언할 때, 북한이 일본을 향해 비난할 때 통쾌함을 느낌. 평창 동계올림픽 동시 입장, 남북 문화예술공연 교류 등.

2. 생각 쌓기: 분단선 너머를 바라보며

1) 다음은 분단선을 넘어 재통일한 역사가 있는 예멘, 독일, 베트남의 사례를 비교, 분석한 내용을 간단히 정리한 표입니다. 다음의 표를 살펴본 후에 남북한의 평화와 통일을 위해 우리가 참고할 수 있는 내용을 찾아보고 이야기해 봅니다.

분단국 통일 분석[2]

구분	베트남	독일	예 멘
분단 기간 및 통일	1955년~1975년(21년)/ 1975년	1945년~1989년(45년)/ 1990년	1967년~1990년(34년)/ 1994년
양국 관계	적대적 대립 관계	대립과 협력 혼재	적대와 협력의 반복
교류와 협력관계	실행되지 않음	원활함	인적교류, 간헐적 협력
체제간 이질성	매우 큼	매우 큼	약함
체제간 경제적 차이	거의 없음	매우 큼	약간 존재
통일 방식	무력 통일	평화적 흡수 통일	정치적 합의 통일
통일 이후의 체제	공산주의	자본주의	이슬람 공화국
통일 후 발생한 문제점	전후 재건, 경제 침체	통일 비용, 사회적 갈등	전후 재건, 사회 혼란
통일에 대한 시사점	• 무력통일로 인한 사회 통합의 한계 • 공산주의 체제로의 통일로 인한 경제 침체 • 민심 이탈, 민족결속력 와해	• 교류협력의 중요성 • 통일 비용 • 사회적 내적 통합의 중요성 • 일자리창출 및 양극화 현상 대처 방안 모색	• 국민의 합의가 부재한 정치적 통일의 한계성 • 사회적 혼란과 분열(약 4년) • 재통합을 위한 비용 증가(무력에 의한 재통합)

---

2) 전기성, "분단국의 통일 사례가 한반도에 주는 시사점"(석사학위논문, 2018), 대진대학교 통일대학원, p.1.

분단을 넘어 하나 된 나라들 (15분) : '생각 쌓기'에서는 분단으로 인한 아픔을 해결하는 방식을 고민하고자 합니다. 이를 위해 분단을 넘어 하나가 된 세 나라의 사례를 표로 제시합니다. 그리고 학습자들이 제시된 표를 분석하여 우리가 사는 한반도에 일정부분 가장 필요하고 적용 가능한 모델이 무엇일지 생각하는 시간을 갖습니다.

혹시 학습자 중에는 남북한의 평화로운 공존이면 충분하다는 견해가 있을 수 있습니다. 맞습니다. 그럴 수도 있다는 공감이 필요합니다. 하지만 최종적인 목표가 통일이 아니더라도, 상황적으로 통일의 기회가 왔을 때 우리가 충분히 준비하지 못했을 경우, 다른 주변국(예—중국, 러시아 등)에 병합될 수도 있다는 점과 그런 경우에는 한반도와 세계평화에 더 큰 위협이 될 수도 있다는 것을 언급해야 합니다. 논쟁으로 치닫기보다는 남북한의 평화, 한반도의 평화를 이루기 위한 방향을 제시하고자 하는 이 과의 취지를 설명하며 진행해 주시기 바랍니다.

<분단국 통일 분석> 표의 배치 순서는 통일을 이룬 순서로 되어 있습니다. 먼저 개인적으로 1~2분 정도 살펴본 후에 지도자의 안내에 따라 한 국가씩 정리하여 최종적으로 남북한의 평화와 재통일을 위해 참고할 만한 내용을 도출하는 방식을 추천합니다. "통일에 대한 시사점"에 비교적 잘 정리되어 있으니 참고 바랍니다. 국가별로 재통일 시기와 통일전 양국의 관계가 어떠했는지, 교류 협력 정도, 체제 간 이질성의 차이, 통일을 이룬 방식, 통일 이후의 체제, 통일 후에 드러난 문제점과 시사점을 차례로 살펴봅니다.

― **베트남** : 2차 세계대전 후 남·북 베트남으로 분단 후 1965년~1975년까지 미국 주도하에 전쟁을 치르다가 미군 철수 후 북베트남에 의해 무력 통일(아래 그림 참조).

https://terms.naver.com/entry.naver
?docId=6593303&cid=40942&catego
ryId=33425 검색 2023. 3. 2.

― **독일** : 2차 세계대전 패전 후, 승전국들에 의해 분단, 동서독 정부수립 후 서독 주도의 동서독 합의로 평화로운 재통일(흡수통일).

https://terms.naver.com/entry.naver?
docId=5779740&cid=43856&categoryI
d=43857 검색 2023. 3. 2.

― **예멘** : 오스만 제국 통치에서 벗어난 후 영국과의 전쟁을 통해 남·북 예멘으로 독립정부 수립 후에 평화협정을 맺은 후 합의통일 하였으나 분열, 북예멘이 무력으로 재통합.

https://terms.naver.com/entry.naver ?docId=1127582&cid=40942&catego ryId=34054	![QR code]
https://blog.naver.com/gounikorea/2 21787583003 검색 2023. 3. 2.	![QR code]

2) 다음 영상은 KBS에서 제작한 "북핵 위기 기로에 선 한반도"의 일부입니다. 북한의 가상 핵 공격이 남한에 어느 정도의 위협이 될지를 단편적으로 보여주는 영상입니다. 만약 한반도에서 '제2의 한국전쟁'이 발발한다면 남북한 주민의 삶은 어떻게 될지 이야기해 봅니다.

접속 2023. 3. 2. https://www.youtube.com/watch?v= st4ZrPbVwCs	![QR code]

영상보기: 2분 34초

제시된 영상은 2004년의 미국국방부의 연구를 바탕으로 제작되었습니다. 북한의 핵폭탄이 서울 용산에 떨어졌을 때를 시뮬레이션한 것으로, 예상 사상자만 125만 명에 이를 것으로 추정합니다. 극단적인 상황을 설정한 것이지만 전쟁 불감증을 넘어서 한반도에서 얼마든지 벌어질 수 있는 일이라는 사실을 직시해야 합니다. 그러므로 한반도의 평화는 남북한이 서로를 위해, 또 세계평화를 위해 노력해야 할 분명한 이유이기도 합니다. "역사를 잊은 민족에게 미래는 없다(A nation that forgets its past has no future)"는 유명한 격언처럼 한반도에 동족상잔의 비극이 다시는 재발하지 않도록 끊임없이 평화를 연습하고 실천해야 합니다. 학습자들이 자신들의 삶을 중심으로 전쟁 상황을 상상해서 이야기하도록 하고, 이런 이야기가 자연스럽게 한반도 분단의 아픔을 해결하는 길이 '평화'여야 한다는 데로 이끌어 주시기 바랍니다.

질문 의도: 한반도의 분단과 평화 문제는 매우 현실적이므로, 이를 위해 좀 더 적극적이고 구체적인 실천적 대응이 필요합니다. 아래의 내용을 참조할 수 있습니다.

— 전쟁이 나면 우리가 일상적으로 누리던 전기, 상수도, 교통, 연료(도시가스 등), 통신(인터넷 등), 음식, 병원 등을 이용하는 것이 거의 불가능합니다.

— 좀 더 심각하게는 엄청난 인명피해, 산업시설 파괴가 예상됩니다. 현재 남북한의 대량살상 무기의 파괴력을 고려할 때, 지금까지 남한에 이루어놓은 많은 경제적 성과와 기반 시설들이 짧은 시간 내에 거의 파괴될 것입니다. 아래 기사를 참조할 수 있습니다.

http://www.ohmynews.com/NWS_Web/View/at_pg.aspx?CNTN_CD=A0001843826 2013.3.14.기사, 검색 2023. 3. 2.	

— 한국전쟁(6.25전쟁)이 "**한민족에게 미친 영향**"을 참고할 수 있습니다.

https://terms.naver.com/entry.naver?do cId=795353&cid=46628&categoryId=466 28#TABLE_OF_CONTENT16. 검색 2023. 3. 2.	

3. 생각에 날개 달기: 선(線) 너머 손 내밀기(50분)

3과에서 살펴본 것처럼 한반도의 남북한은 휴전선을 경계로 대치 중인 휴전상황입니다. 이런 적대적 긴장 관계는 남북한 모두를 위태롭게 합니다. 그렇다면 남북한은 어떻게 이 삼엄한 경계선을 넘어 상호 협력하여 평화를 모색하고, 나아가 통일의 기회를 도모할 수 있을까요?

다음은 평화적으로 분단선을 넘어 재통일의 역사적 교훈을 보여준 독일의 노력을 정리한 내용입니다. 이와 함께 남북한의 과거와 현재의 모습을 비교하면서 '한반도(북한어: 조선반도)식 평화와 통일'을 위해 정부 차원과 민간 차원에서 함께 고민해야 할 내용을 찾아봅니다.

"생각에 날개 달기"에서는 남북한 분단의 아픔을 평화적 방법으로 이루기 위한 보다 깊이 있는 접근을 하고자 합니다. 이를 위해 역사적으로 유사한 통일 사례인 독일 재통일을 좀 더 세부적으로 살펴보기로 합니다. 동서독과 남북한의 역사적 경험을 비교하여 공통점과 차이점을 살피므로 문제의 원인이 되는 '마음의 분단선'을 어떻게 극복할 수 있겠는가를 함께 고민해 봅니다.

1) 정부 차원의 노력

독일은 2차 세계대전 패전 후 1949년에 '독일연방공화국(서독)'과 '독일민주공화국(동독)'으로 분단되어 정부를 수립하였습니다. 서독 정부는 1955년 주권을 회복하면서부터 오직 서독이 전 독일 민족을 대표하는 유일한 주체라고 주장하며 동독에 적대적 입장을 취했습니다. '할슈타인원칙(Hallstein Doctrine)'은 당시 서독의 기본 외교정책으로 "동독을 승인하는 국가(승전국인 구소련 제외)와는 외교 관계를 수립하지 않는다"라는 기본원칙이었습니다. 서독의 이런 노력은 일부 효과가 있었지만, 결과적으로 스스로 외교적 고립을 자초하는 결과를 낳았습니다. 동독 또한 서독과 대립각을 세우며 체제경쟁에 나섰지만 역부족이었습니다.

1969년 집권한 빌리 브란트 서독 수상은 '할슈타인원칙'을 포기하고 '신동방정책(die neue Ostpolitik)'을 추진합니다. 서독은 이 외교정책의 '접근을 통한 변화(Wandel durch Annahrung)' 원칙에 따라 동독 및 동유럽 국가들과의 화해 협력을 통한 관계 개선을 적극적으로 추진했습니다. 이것은 주변국들이 독일을 더는 두려워할 필요가 없다는 메시지였으며, 이렇게 달성된 국제적 신뢰는 이후에 독일 재통일에 대한 연합국의 승인을 끌어내는 기초가 되었습니다.

서독이 동독 및 동유럽 국가들과 '화해와 협력'의 길을 추구했던 것은 이전의 '대립과 경쟁'이 답이 될 수 없다는 것을 깨달을 때 시작됐습니다. '분열과 갈등'을 추구했던 '마음의 분단선'을 넘을 때 일어났습니다. 이전에 그들에게는 서로가 협력의 대상이 아니라, 두려움의 대상이었기에 상대보다 단연 앞서야 했습니다. 그러나 그 '마음의 분단선'을 넘어서자 2차 세계대전 속에서 독일 때문에 고통당했던 이들을 향한 사죄의 자세가 나타납니다. 유럽과 세계의 평화를 위협했던 전범국이자, 패전국인 서독이 체제의 분단선을 넘어 머리를 숙이고, 무릎을 꿇었습니다. 그러자 구소련과 동유럽 국가들이 서독의 변화를 받아주고 인정하게 되었습니다.

1970년, 폴란드 바르샤바 유대인 게토의 저항 투사 묘지 앞에서 무릎 꿇은 빌리 브란트 수상   동서독 분단의 상징이었던 베를린 장벽

이런 태도의 변화 가운데 1972년 동서독 양국은 교류와 협력의 본격적인 길을 열게 되는 「기본조약(Grundlagenvertrag)」 3)을 체결하였습니다. 다음은 조약의 10개 조항 중의 5개 조항입니다. 함께 살펴보도록 합니다.

---

3) 동서독기본조약: 접속 2023. 3. 2.
　　https://terms.naver.com/entry.naver?docId=3577520&cid=59016&categoryId
　　=59024

제1조. 독일연방공화국과 독일민주공화국은 동등한 권리의 토대 위에서 정상적인 우호 관계를 발전시킨다.

제4조. 독일연방공화국과 독일민주공화국은 어느 한쪽이 상대방을 국제사회에서 대신하거나 대표할 수 없음에 동의한다.

제5조. 독일연방공화국과 독일민주공화국은 유럽 국가들끼리의 평화적 관계 발전을 촉진하며 유럽의 안보 및 협력에 기여한다. 쌍방은 세계의 안보에 기여하는 군비 제한과 군비 축소의 노력, 특히 핵무기와 기타 대량살상무기 분야의 군비 축소 노력을 지지한다.

제6조. 독일연방공화국과 독일민주공화국은 각자의 권력이 각자의 영토 내에서만 행사될 수 있다는 원칙을 고수한다. 쌍방은 국내 및 대외 문제에 있어서 상대방의 독립과 자주성을 존중한다.

제7조. 독일연방공화국과 독일민주공화국은 관계 정상화 과정에서 현실적이고 인도적인 문제들을 타결할 용의가 있음을 천명한다. 양국은 이 조약의 원칙에 입각하여 상호 이익을 도모하기 위하여 경제, 학술, 기술, 무역, 사법, 우편, 전화, 보건, 문화, 스포츠, 환경보호 등등의 분야에서의 교류 협력을 촉진, 발전시키는 협정을 체결하기로 한다. 이에 대한 세부 사항은 추가 의정서에서 정한다.

신동방정책이 가동되면서부터 동서독 간의 교류 협력이 활발하게 이루어졌습니다. 동서독의 대외무역 거래액은 1955년에 비해 1987년에 12배 증가했고, 서독은 구소련에 이어 동독의 두 번째 큰 교역 상대국이 되었습니다. 반면 서독은 동독과의 교역이 경제적으로 의미가 크지 않았으나 경제적 이유보다 민족적 유대감 유지 및 적대감 완화, 동독 주민들의 호감 유발 등 정치적인 측면에 큰 의미를 두었습니다. 당시 서독에서는 이런 명분으로 국내적인 설득이 이루어졌습니다. 서독

정부는 물적 교류뿐만 아니라, 위의 「기본조약」의 제7조에 언급된 것처럼 분야별 인적 교류가 활발하게 진행되도록 정책적으로 지원했습니다.

'마음의 분단선'을 넘는 일은 '실제적인 분단선'을 넘는 일로 연결됩니다.

서독의 '신동방정책'은 주변국들만이 아니라, 가장 가까운 동족 국가인 동독의 분단선을 넘을 수 있게 했습니다. '마음의 분단선'을 넘으면 '접근을 통한 변화'의 자세로 전환됩니다. 정치 체제는 여전히 다르고, 국경선은 변함이 없었습니다. 하지만 '너'와 '나'를 가르던 '마음의 분단선'을 넘으니 '대립'하던 관계는 '대화'하는 관계로, '경쟁' 하던 관계는 '격려'하는 관계로 변합니다. 그러자 새로운 경험과 더 많은 기회가 열렸습니다.

남북한의 경우는 어땠을까요? 1948년, 미국과 구소련의 국제적 대결 구도 가운데 남북한은 각각 정부를 수립하였습니다. 남한의 체제가 정비되기도 전에 한국전쟁(1950~1953)이 있었고, 양국은 깊은 갈등 가운데 대치하게 되었습니다.

남한은 이후 지속적 경제성장을 이루어 70년대에는 1인당 국민소득이 북한을 추월하였으며, 이를 바탕으로 1988년에는 서울올림픽을 성공적으로 개최했고, 구소련(1990) 및 중국(1992)과 수교하는 등 '북방 외교'의 성과를 거두었습니다. 또한 남북한 동시 유엔(UN)가입(1991)과 '남북기본합의서(1992)' 작성에 주도적인 역할을 하였습니다. 하지만 이것이 정작 남북한 관계 개선과 한반도의 평화를 이루게 하지는 못했습니다. 오히려 북한은 1980년대 후반부터 시작된 구소련을 비롯한 공산권 국가들의 몰락과 함께 찾아온 깊은 고립 상태와 1990년대 '고난의 행군'으로 대변되는 경제난 가운데 체제 유지를 위한 핵 개발과 위기조성전략(crisis diplomacy)에 몰두하여 한반도와 동북아 및 북미 관계를 대립과 긴장 상태로 만들었습니다.

남북한도 동서독의 「기본조약」과 유사한 '남북 사이의 화해와 불가침 및 교류 · 협력에 관한 합의서(약칭 '남북기본합의서', 1992)'[4]가 있습니다. 하지만 지금까지 제대로 실행되지 못하고 있습니다. 그 이전의 7.4 남북공동성명(1972)도 마찬가지입니다. 왜 그런 것일까요?

아래에 '남북기본합의서'의 주요 내용 몇 가지를 실었습니다. 앞의 동서독 「기본조약」과 서로 비교하며 각각의 문서에서, 또 양 문서에서 중복되는 단어에 별도의 표시를 해봅니다.

남과 북은… 7.4 남북공동성명에서 천명된 조국통일 3대 원칙을 재확인하고, …민족적 화해를 이룩하고, …긴장완화와 평화를 보장하며, 다각적인 교류. 협력을 실현하여… 평화통일을 성취하기 위한 공동의 노력을 경주할 것을 다짐하면서 다음과 같이 합의하였다.

제1장 남북화해
제1조. 남과 북은 서로 상대방의 체제를 인정하고 존중한다.

---

4) 민족화해협력범국민협의회 남북관계자료. 접속 2023. 3. 2.
(https://www.kcrc.or.kr/07/05/Default.asp?str_value=View&int_idx=6838)

제6조. 남과 북은 국제무대에서 대결과 경쟁을 중지하고 서로 협력하며 민족의 존엄과 이익을 위하여 공동으로 노력한다.

제2장 남북불가침
제9조. 남과 북은 상대방에 대하여 무력을 사용하지 않으며 상대방을 무력으로 침략하지 아니한다.

제3장 남북교류·협력
제15조. 남과 북은 민족경제의 통일적이며 균형적인 발전과 민족 전체의 복리 향상을 도모하기 위하여 자원의 공동개발, 민족 내부 교류로서의 물자교류, 합작투자 등 경제교류와 협력을 실시한다.

제16조. 남과 북은 과학. 기술, 교육, 문학. 예술, 보건, 체육, 환경과 신문, 라디오, 텔레비전 및 출판물을 비롯한 출판, 보도 등 여러 분야에서 교류와 협력을 실시한다.

제17조. 남과 북은 민족 구성원들의 자유로운 왕래와 접촉을 실현한다.

제19조. 남과 북은 끊어진 철도와 도로를 연결하고 해로, 항로를 개설한다.…

동서독과 남북한의 양 문서는 상대방에 대한 존중, 화해와 평화 그리고 교류 협력 등의 비슷한 내용을 담고 있습니다. 자세히 살필수록 남북한 합의문의 문서상 문제는 없다는 생각이 듭니다. 그렇다면 무엇이 문제일까요? 무엇이 남북한이 얼굴을 맞대고 약속하고도 지키지 못하도록 했을까요? 그것은 외면적인 것이 아닌 내면적인 문제일 것입니다. 눈에 보이지 않지만 실재하는 남북한 사이의 '마음의 분단선'을 넘는 일이 문제였던 것입니다.

남북한의 분단은 동서독의 분단과는 다른 큰 '상처'가 있습니다. 그것은 남북한이 동족 간에 서로를 죽이는 '피'를 보는 전쟁을 치렀다는 데 있습니다. 휴전 이후, 동서 냉전의 시기와 그 이후에도 '제1, 2 연평해전'(1999.6.15., 2002.6.29.), '천안함 피격 사건'(2010.3.26.), '연평도 포격 사건'(2010.11.23.) 등등과 같은 크고 작은 사건들이 있었습니다. 그때마다 이 깊은 동족상잔의 '트라우마(trauma)'는 남북한 관계에서 일종의 '방어기제(defense mechanism)'로 작동했습니다. 더 나아가 남북관계만이 아니라, 남남갈등의 상황 가운데서도 작동되었습니다. 이것은 우리가 아직 넘지 못한 '마음의 분단선'이 남아 있음을 여실히 보여줍니다.

하지만 그럼에도 불구하고 '마음의 분단선'을 넘는 일이 실제적인 분단선을 넘는 일로 연결된다는 역사적 교훈을 되새기며 남북한은 포기하지 않고 '마음의 분단선'을 넘는 시도를 꾸준히 진행해 왔습니다.

'정부 차원의 노력'에서는 동서독이 '화해와 협력'의 과정이 있기 전에 '대립과 경쟁'의 상황도 있었다는 점을 주지할 필요가 있습니다. 그리고 그것은 남북한 관계에서도 비슷한 모습으로 나타납니다. 이에 동서독과 남북한은 모두 '대립과 경쟁'의 한계를 실감하며, '화해와 협력'의 길로 나가고자 했습니다. 그런데 동서독은 '마음의 분단선'을 넘어, '실제적인 분단선'을 넘는 길로 나가지만, 남북한은 그렇지 못했습니다. 학습자가 그 원인을 깨닫는 것은 매우 중요하므로 제시된 구체적인 조약문과 합의문을 직접 확인해야 합니다. 이를 통해 남북한의 문제는 문서상의 문제, 서면상 합의의 문제가 아니라는 것을 확인할 수 있습니다. 동시에 그렇다면 그 후에 무엇이 문제인가 하는 의문을 품고 그 해답을 찾아가도록 인도해 주시기 바랍니다.

제1조. 독일연방공화국과 독일민주공화국은 동등한 권리의 토대 위에서 정상적인 우호 관계를 발전시킨다.

제4조. 독일연방공화국과 독일민주공화국은 어느 한쪽이 상대방을 국제사회에서 대신하거나 대표할 수 없음에 동의한다.

제5조. 독일연방공화국과 독일민주공화국은 유럽 국가들끼리의 **평화적** 관계 발전을 촉진하며 유럽의 안보 및 **협력**에 기여한다. 쌍방은 세계의 안보에 기여하는 군비 제한과 군비 축소의 노력, 특히 핵무기와 기타 대량살상무기 분야의 군비 축소 노력을 지지한다.

제6조. 독일연방공화국과 독일민주공화국은 각자의 권력이 각자의 영토 내에서만 행사될 수 있다는 원칙을 고수한다. 쌍방은 국내 및 대외 문제에 있어서 상대방의 독립과 자주성을 **존중**한다.

제7조. 독일연방공화국과 독일민주공화국은 관계 정상화 과정에서 현실적이고 인도적인 문제들을 타결할 용의가 있음을 천명한다. 양국은 이 조약의 원칙에 입각하여 상호 이익을 도모하기 위하여 경제, 학술, 기술, 무역, 사법, 우편, 전화, 보건, 문화, 스포츠, 환경보호 등등의 분야에서의 **교류 협력**을 촉진, 발전시키는 협정을 체결하기로 한다. 이에 대한 세부 사항은 추가 의정서에서 정한다.

남과 북은… 7.4 남북공동성명에서 천명된 조국통일 3대원칙을 재확인하고, …**민족적** 화해를 이룩하고, …긴장완화와 **평화**를 보장하며, 다각적인 **교류 협력**을 실현하여… **평화통일**을 성취하기 위한 **공동의 노력**을 경주할 것을 다짐하면서 다음과 같이 합의하였다.

제1장 남북화해

제1조. <u>남과 북은</u> 서로 상대방의 체제를 인정하고 **존중**한다.

제6조. <u>남과 북은</u> 국제무대에서 대결과 경쟁을 중지하고 서로 **협력**하며 민족의 존엄과 이익을 위하여 **공동으로** 노력한다.

제2장 남북불가침

제9조. <u>남과 북은</u> 상대방에 대하여 **무력**을 사용하지 않으며 상대방을 **무력**으로 침략하지 아니한다.

제3장 남북 교류 협력

제15조. <u>남과 북은</u> **민족경제**의 통일적이며 균형적인 발전과 **민족전**체의 복리 향상을 도모하기 위하여 자원의 공동개발, **민족** 내부 교류로서의 물자교류, 합작투자 등 경제**교류와 협력**을 실시한다.

제16조. <u>남과 북은</u> 과학. 기술, 교육, 문학. 예술, 보건, 체육, 환경과 신문, 라디오, 텔레비전 및 출판물을 비롯한 출판, 보도 등 여러 분야에서 **교류와 협력**을 실시한다.

제17조. <u>남과 북은</u> **민족** 구성원들의 자유로운 왕래와 접촉을 실현한다.

제19조. **남과 북은** 끊어진 **철도**와 도로를 연결하고 해로, 항로를 개설한다.

무엇이 문제일까요? 그것은 문서상의 문제가 아니라, 문서 이면에 있는 남북한의 깊은 상호 불신으로 인한 '마음의 분단선'임을 발견하게 됩니다. 해결되지 못한 '마음의 분단선'이 문제의 핵심입니다. 앞서 한국전쟁의 피해를 언급한 자료에는 다음과 같은 "한민족의 피해"에 관한 언급이 있습니다. 아래에 있는 이 내용을 꼭 읽어보기 바랍니다.

https://terms.naver.com/entry.naver?docId=795353&cid=46628&categoryId=46628#TABLE_OF_CONTENT16. 검색 2023. 3. 2.	

"(한국전쟁의) 이러한 인적 및 물적 손해도 손해려니와, 이에 못지않게 심각한 손해는 민족 내부의 불신과 적대감이다. 서로 상대방을 증오하고 복수심을 갖게 되었으며, 따라서 이것이 평화적인 통일의 분위기를 가로막고 있다. 남과 북 모두에서 흑백논리의 사고방식이 크게 자라나 의식세계가 경직되었으며, 상대방과의 타협과 대화 자체를 죄악시하는 분위기가 자리잡았다. 그리하여 남과 북 모두에서 중도적인 이념을 추구하는 세력이 성장할 수 없었고, 어느 한쪽으로 편향된 이념과 세력만이 집권하게 되었다."[5]

2) 민간 차원의 노력

아래 칸에는 그동안 남북한 사이에 있었던 교류 협력의 주요 내용을 통계화해 정리한 물음과 답입니다. 빈칸에 맞는 내용의 기호를 보기에서 찾아 써봅니다.[6]

---

5) [네이버 지식백과] 한국전쟁 [韓國戰爭] (한국민족문화대백과, 한국학중앙연구원).

6) 남북정상회담: https://www.koreasummit.kr/KoreanPeninsula/Num
접속 2023. 3. 2.

남과 북의 총교역액		남북단일팀이 국제대회에서 첫 금메달을 딴 해	
남북한을 왕래한 총인원		개성공단의 총생산액	
이산가족 상봉 신청한 총인원		당국 차원에서 상봉한 이산가족 총인원	
금강산 지역 누적 관광객 수		북한 관광을 시행했던 총기간	

- 보기   ㄱ. 32억달러   ㄴ. 24,509명   ㄷ. 11년   ㄹ. 1,479,858명
　　　　ㅁ. 1,934,662명   ㅂ. 133,382명   ㅅ. 248억달러   ㅇ. 2018년

　　남북한 사이에도 과거 희망을 주던 사건들이 있었습니다. 남북정상회담(2000, 2007, 2018년-3회, 총 5회)은 거국적 차원에서 희망의 메시지였고, 상당 기간 남북관계에 훈풍이 불게 했습니다. 하지만 크고 작은 사건들이 생길 때마다 남북 간의 교류 협력은 큰 위기를 맞았습니다. 아래의 두 그래프는 남북한의 교역량과 민간교류의 양적 변화(1990년~2020년)를 볼 수 있는 표입니다. 함께 살펴봅니다.

남북한 교역량의 변화 7)

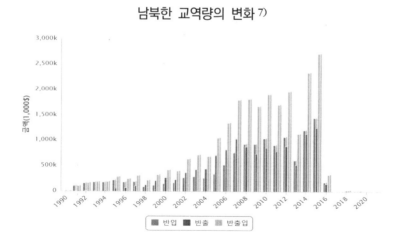

남북한 민간지원(남에서 북)의 양적 변화 [8]

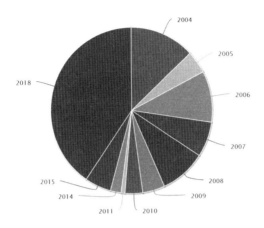

위의 그래프를 통해 남한의 대북 민간 지원은 집권 세력의 정치적 성향에 따라 그 흐름이 함께 변하고 있음을 볼 수 있습니다. 그나마 꾸준히 증가추세에 있던 남북한 교역량도 개성공단이 가동중단 사태를 맞으며 급감하였습니다. 2023년 초 현재, 북한의 핵무기 개발과 국제사회의 대북 경제제재 기조 그리고 코로나19로 인한 국제적 팬데믹 상황에 따른 북한의 국경봉쇄에 묶여 남북의 교류는 매우 위축되어 거의 중단 상태에 있습니다. 앞으로 남북한의 교류 협력이 국제사회의 변화, 남북 정상회담과 당국의 대규모 정책적 지원 등에만 의지한다면 이런 상황들

7) 남북교류협력시스템 남북교역통계안내 연도/월별통계(설정:1990~2022년/전체) https://www.tongtong.go.kr/unikoreaWeb/ui/pblc/guidance/dta/popup/AT HDWTradeDwYmP.do 접속 2023. 3. 2.

8) 남북교류협력시스템 남북교역통계안내 거래유형별통계 (설정:1990년~2022년/ 비상업적거래/대북지원/민간지원) https://www.tongtong.go.kr/unikoreaWeb/ui/pblc/guidance/dta/popup/AT HDWTradeDwDelngTyP.do 접속 2023. 3. 2.

이 계속 반복될 수밖에 없어 보입니다.

그렇다면 우리는 어디에서 남북한 화해와 평화를 위한 교류 협력을 이어갈 실마리를 찾을 수 있을까요?

남북한은 반복되는 불안하고 위태로운 상황 가운데에도 눈에 보이는 '분단선'을 넘어 평화를 이루기 위한 정부 차원의 노력을 진행해 왔습니다. 이러한 움직임은 정부 차원뿐만 아니라, 민간 차원에서도 다양한 모습으로 나타났습니다. 하지만 지금까지 이렇게 이어온 민간 차원 노력이 '마음의 분단선'을 넘도록 하는 데는 역부족이었습니다. 이에 민간 차원에서 이루어진 노력의 전체적인 흐름을 통해 민간 차원 노력의 어떤 한계나 문제가 없었는지를 살펴보고자 합니다.

먼저 통계를 통해 남북한 정부의 협조 아래 민간 차원에서 실행한 교류 협력의 결과를 간단히 점검합니다. 여기에서 우리는 동족상잔의 트라우마에도 불구하고 민간 차원의 노력도 계속되었음을 확인할 수 있습니다.

남과 북의 총교역액	ㅅ	남북단일팀이 국제대회에서 첫 금메달을 딴 해	ㅇ
남북한을 왕래한 총인원	ㄹ	개성공단의 총생산액	ㄱ
이산가족 상봉 신청한 총인원	ㅂ	당국 차원에서 상봉한 이산가족 총인원	ㅂ
금강산 지역 누적 관광객 수	ㅁ	북한 관광을 시행했던 총기간	ㄷ

- 보기 ㄱ. 32억달러   ㄴ. 24,509명   ㄷ. 11년   ㄹ. 1,479,858명
ㅁ. 1,934,662명   ㅂ. 133,382명   ㅅ. 248억달러   ㅇ. 2018년

그러나 이 같은 민간 차원의 커다란 한계는 정부의 정치적 성향에 따라 지속적이지 못했음을 두 그래프를 통해 확인할 수 있습니다.

두 그래프 중 위의 막대그래프에서 개성공단은 2016년에 계속되는 북한의 핵실험 사태로 인해 가동이 중단되었습니다(3과 참조). 그 아래 원그래프는 대통령의 재임 기간에 따른 민간단체의 비상업적 대북 지원 규모를 보여줍니다. 이것을 통해 대통령과 집권 여당의 성향에 따른 민간 지원의 양적 변화를 살펴볼 수 있습니다.[참조: 1990년대 및 이후 남한의 대통령 재임기간(노태우 대통령 1988.02~1993.02 / 김영삼 대통령 1993.02~1998.02 / 김대중 대통령 1998.02~2003.02 / 노무현 대통령 2003.02~2008.02 / 이명박 대통령 2008.02~2013.02 / 박근혜 대통령 2013.02~2017.03 / 문재인 대통령 2017.05~2022.05]

3) 교류 협력을 통한 민족 화해

우리는 그 실마리를 평화적 통일을 이룬 독일 재통일의 역사적 교훈에서 찾아보고자 합니다. 물론 민주적 합의 절차를 따랐으나 흡수식 통일이라는 평가가 있지만, 교류 협력 면에서 참고할 가치가 충분합니다. 서독 정부와 민간단체는 동독을 지속적으로 도왔습니다. 정권이 바뀌는 매우 큰 상황적 변화 가운데서도, 동서독은 정권을 초월하여 교류 협력관계를 유지했습니다. 물론 어려움이 없지는 않았으나 다수의 국민도 그것을 지지했고, 자발적으로 민간교류 협력에 힘썼습니다. 아래 표는 독일연방하원 조사위원회가 서독의 대동독 지원을 파악한 통계를 요약한 표입니다.

지원구분		지원액 소계		총액
정부 차원	서독정부→동독정부	178억	296억5천만	1044억5천만 (마르크)
	서독정부→동독주민	25억		
	차관지불보증	19억5천		
	교역지원	74억		
민간 차원	서독주민→동독주민	626억	748억	
	서독주민→동독정부	66억		
	서독교회→동독교회	56억		

서독 정부 및 민간 차원의 동독 지원 [9]

이 표에 의하면 서독은 1973년부터 1990년까지 18년간 총 1천44억 5천만 마르크(약 5백억 달러로 한화 약 62조4천억 원)를 동독에 지원했습니다. 그런데 놀랍게도 이 전체 지원 중에서 정부 차원은 28퍼센트였고, 나머지 72퍼센트는 민간 차원에서 이루어진 것이었습니다. 물론 이 민간 차원 지원의 적지 않은 부분을 정부가 지원했습니다. 하지만, 민간 차원의 협조와 참여가 없었다면 이루어질 수 없었습니다. 이러한 민간교류는 학계, 문화, 방송·언론, 종교·교회 등에 이르기까지 매우 다양한 분야에서 자발적으로 이루어졌습니다.

중앙정부가 정책을 통해 '화해와 교류 협력'을 지원하는 것도 중요합니다. 하지만 그 어떤 정부의 정책도 그에 응하는 민간 차원의 협조가

---

9) 김영윤, "동서독 교류·협력과 대동독 대가지급," 통일정책연구(2018), 10(2), p. 290 재인용.
이광빈, https://www.yna.co.kr/view/AKR20181116020700082, 2018.11.18. 접속 2023. 3. 2.

없으면 유명무실하게 됩니다. 그런 면에서 동서독의 민간교류는 정부의 정책과 국민의 협조가 상응하여 지속적으로 추진된 바람직한 모습을 보여줍니다. 이런 지속적 지원은 생각 밖의 결과를 낳기도 합니다. 서독교회가 동독교회에 보낸 민간 차원의 지원은 동독 당국의 감시와 통제 속에서도 동독교회가 독립성을 유지할 수 있게 했고, 그러한 교회를 발판으로 동독에서 민주화 운동이 일어날 수 있었습니다.

지금 우리 남북한이 처한 상황 가운데서 동서독의 교류 협력의 모습을 통해 배울 수 있는 교훈이 바로 여기에 있지 않을까요? 하나는 정권이나 정세가 바뀌어도 교류 협력을 이어가는 '지속성'입니다. 또 하나는 그에 대한 참여와 방법을 찾는데 필요한 '자발성'입니다. 독일 재통일은 서독이 국제적인 관계 개선과 동서독 간의 교류 협력에 민관이 '지속성'과 '자발성'의 태도를 견지한 결과입니다. 그리고 통일 이후에도 전쟁과 희생자에 대한 진심 어린 계속되는 사죄의 모습은 '부끄러운 독일'을 넘어, '부러운 독일'의 역사로 기록되고 있습니다.

교류 협력은 단순히 선(線)을 넘어 재화를 상호 이동하는 것만이 아니라, 인적, 물적, 문화적 차원의 교감과 소통도 동시에 이루어지게 합니다. 따라서 남북한의 교류 협력은 국내외의 어떤 환경에도 결코 멈추어서는 안 될 영역입니다. 수적천석(水滴穿石)이라는 사자성어와 "A falling drop at last will cave a stone."의 격언은 물 한 방울의 힘이 아니라, 지속성이 주는 힘을 강조합니다. 2022년 초 현재 정부 차원의 남북한 교류 협력은 매우 경색되어 있습니다. 하지만, 우리는 정부 차원의 길이 막혔더라도 포기하지 말고, 민간 차원에서 길을 찾아내고 이어가야 합니다. '이곳'이 막혀있으면 '저곳'으로, '지금'이 막혀있으면, '내일'을 위한 준비라도 해야 합니다. 우리가 하지 않으면 누가 대신하겠습니까? 마음의 선을 넘는 일은 하루아침에 이루어지지 않습니다.

한반도에서는 지금까지 진행되어 온 정부와 민간 차원 노력에도 불구하고 남북한이 '마음의 분단선'을 극복하여 민족 화해와 평화를 이루는 데는 이르지 못했습니다. 더욱이 대북 경제제재와 코로나19 팬데믹으로 정부 차원의 길은 꽉 막힌 채로 있어 답답한 실정입니다. 이를 해결하기 위해 위해서는 민간차원의 교류 협력이 절대적으로 필요합니다. 우리는 그 긍정적인 예를 독일 재통일을 통해 다시 확인할 수 있습니다. 독일 재통일의 역사적 교훈을 통해 남북한의 화해와 교류 협력의 길을 지속적으로 확장하려면 민간 차원의 역할이 매우 중요함을 인식하게 됩니다. 특히 정부의 역할이 매우 제한적인 시기에는 민간 차원의 교류 협력이 지속성과 자발성을 갖고 이루어져야 할 필요가 강조됩니다.

새로운 역사는 한반도에서도 이루어져야 합니다.

강대국의 틈새에 끼여 우리 남북한은 분단의 '역사적 상처'를 함께 받았습니다. 같은 땅, 같은 역사, 같은 문화유산을 공유하던 하나의 민족이기에 '같은 상처'가 있습니다. 또한 반만년의 빛나는 역사 속에 '같은 영광'을 누리기도 했습니다. 우리의 유산 중에는 세계적 문화강국의 대표적 콘텐츠인 '한글'이 있습니다. 또 오래전부터 세계 최고의

효능을 인정받았던 '고려인삼', 현존 최고의 금속활자본을 만들어낸 '고려'의 기술력 등 우리 남북한이 반만년의 역사 속에서 여전히 공유하고 있는 수많은 유산이 있습니다.

분단 70여 년이 결코 짧은 시간은 아닐 것입니다. 현재에 가까운 그 시간이 우리 남북한 관계를 흔들 수는 있습니다. 하지만 깊이 내려진 역사적 뿌리를 결코 뽑을 수는 없습니다. 남북한은 긴 역사 속에서 '같은 유산'을 '공유'하며 함께 자부심을 느끼고, 또 '같은 상처'에 '공분(公憤)'하며 서로 교감했습니다. 앞서 본 영상에서처럼 헤어진 지 오래인 이산가족이 몇십 년 만에 다시 만났어도 금방 부둥켜안고 얼굴을 부비며 감격과 안타까움의 눈물을 흘리는 이유가 무엇일까요? 한 핏줄이기 때문입니다. 이러한 민족적 정체성을 남북 모두 함께 잃지 말아야 합니다. 오히려 민족적 정체성은 남북 교류 협력의 가장 든든한 기초요, 버팀목이 되어야 합니다.

또한 남북한의 교류 협력은 명분을 넘어서 실제적인 차원에서 이뤄져야 합니다. 남북한의 평화와 안정을 바탕으로 북한이 안전한 투자처로 세계에 인식되면 세계의 자본가들은 앞다투어 북한에 투자할 것입니다. 이때 가장 많이 활용될 자원은 남한의 물적, 인적 자본이 될 것입니다. 남한은 지리적으로, 정서적으로 가장 가까운 관계이며, 한 언어를 사용하는 같은 민족으로 경제 발전의 경험과 발달된 기술, 자본 등을 갖춘 세계 10위권의 경제 대국입니다. 남한은 민족적 유대로서 북한의 개방과 발전을 도울 수 있는 최상의 파트너가 될 것입니다.

북한은 매장된 막대한 지하자원("북한 광물자원 가치 3,800조⋯남한 15배"[10]), 마그네사이트-60억 톤/세계 2위, 무연탄-45억 톤, 금-2천

톤, 희토류2천만 톤 등)[11]만 아니라, 매력적인 관광자원(60만 명 고용 유발 효과[12])의 소재가 가득합니다. 이 개발에 남북한의 청년들이 함께 머리를 맞대는 꿈을 꿉니다. 공항을 하나 새로 지어도 남한만의 입지 조건에 따라 결정할 것이 아니라, 통일 전후를 바라보며 한반도 전체와 주변 세계를 아우를 수 있는 가장 미래지향적인 지역을 선정하는 '한반도 공동체 구상'이 필요합니다.

때가 되면 서울에서 기차 타고 평양과 신의주 등을 거쳐 중국, 러시아를 거쳐 유럽과 아프리카를 내달리며 남북 동반성장과 세계평화를 위해 힘 쏟는 우리 백의민족(白衣民族), 한민족을 그려보는 '한민족 웅비론', 이것이 우리가 후손들에게 물려줄 진정한 유산이 될 것입니다. 한반도가 온전히 회복되는 통일이 아니어도 그 이전에 남북이 원활한 교역과 왕래가 가능해지면, 남북한 모두 불필요한 분단비용을 평화비용으로 전환해 '동반성장과 상생의 길'을 넉넉하게 열어나갈 수 있게 될 것입니다. 이것이 우리가 바라는 남북 교류 협력에 거는 기대요, 꿈이요, 희망입니다.

---

10) 연합뉴스, 2018.10.11., https://www.yna.co.kr/view/MYH20181011016000038: 접속 2023. 3. 2.

11) 북한지하자원넷: https://irenk.net/?menuno=69 접속 2023. 3. 2.
  BBC뉴스코리아, 2019.1.17., https://www.bbc.com/korean/news-46904045 접속 2023. 3. 2.

12) 조선일보, "[통일이 미래다] 中 · 日 · 러 연결된 관광 허브로… 중국인 관광객만 1300만명 몰릴 것", 2014.1.14.
  https://www.chosun.com/site/data/html_dir/2014/01/14/2014011400232.html 접속 2023. 3. 2.

남북한이 평화와 통일로 나가기 위한 교류 협력을 위해 반드시 다루어야 할 중요한 문제 중 하나는 민족정체성입니다. 남북한은 역사적, 지리적, 문화적, 정서적으로 서로 뗄 수 없는 민족정체성을 공유하는 관계입니다. 물론 눈에 보이는 분단선으로 인해 지난 분단 70여 년 동안 많은 이질감이 생긴 것은 부인할 수 없습니다. 그것은 인정해야 할 현상이고, 사실입니다. 하지만 동시에 남북한의 깊은 민족 동질성 위에서 추구해야 하는 평화도 함께 인정해야 합니다. 따라서 이를 극복하고 남북한의 새역사를 이루기 위해 남북한의 교류 협력은 반드시 필요합니다. 또한 남북한의 교류 협력은 경제적인 측면에서도 양측 모두에게 새역사를 만들어 갈 기회가 될 것입니다. 많은 경제적 발전과 변화가 기대된다는 내용을 안내하는 자료를 통해 강조해 주시기 바랍니다. 더불어 이 부분에서 학습자들이 더 알고 있는 내용들을 나눌 수 있다면 유익할 것입니다. 또한 이를 통해 남북한만 누리는 평화와 번영이 아니라, 독일의 경우처럼 세계평화에 공헌하는 역사도 만들어 갈 수 있을 것입니다.

그런데 여기에는 우리가 기억해야 할 몇 가지 중요한 원칙과 방향이 있습니다.

남북한 교류 협력의 궁극적인 목적은 민족 화해와 평화통일을 이루는 데 있습니다.

남북한 교류 협력은 다음과 같은 3가지 원칙에 의해 진행되어야 합니다. 어느 한쪽이 일방적인 호혜를 베풀거나 희생을 강요해서는 안됩니다(상호주의). 상호의존적 관계를 바탕으로 쌍방 모두에게 이익이 되는 방향으로 진행되어야 합니다. 또 어느 한쪽의 주장에 치우치거나 무시되어서도 안 됩니다(평형주의). 그리고 무엇보다 인간의 합리성에 기초하여 권력, 군사, 정치 체제에 관한 문제와 복지, 경제협력, 기술발전 등의 문제를 분리하되 이념적 갈등이나 대립이 적은 분야부터, 상호 협력 가능한 분야부터 확장해 나가야 합니다(기능주의). 이 세 원칙이 잘 반영되어 비교적 장기간(2007년~2018년, 총 8차)에 걸쳐 민간 차원의 교류 협력이 이루어진 예로 "개성 고려궁성 남북공동조사"를 들 수 있습니다. 이 사업은 남북한 당국의 지원 아래 남북 역사학자들을 중심으로 "남북공동발굴조사단"을 구성하여 꾸준히 진행되었습니다.[13]

이같이 교류 협력의 원칙을 따르며 남북한은 화해와 평화 그리고 재통일의 새 역사를 함께 이루어갈 수 있습니다. 역사의 격동기에 우리는 시대적 흐름을 놓치고 실력을 키우지 못해 선택의 여지 없이 평화를 잃었습니다. 하지만 이제 남북한은 강대국의 선택에만 '의존하는 평화'가 아니라, 기준을 세우고 '주도하는 평화', 주변국과 '협력하는 평화'를 이루어나갈 수 있습니다. 우리는 고속도로와 같이 큰 길이 막혀있을 때, 막혀있다고 뚫릴 때까지 그냥 멈춰 있지 않고 고속도로를 빠져나와 국도를 이용해 목적지로 이동합니다. 남북한의 교류 협력도 이와 같아야 합니다. 정부가 주도하는 큰 길이 막히더라도 민간 부문을 통한 교류 협력은 계속 이어져야 합니다. 서독이 동독과의 관계를

---

13) 국립문화재연구원 문화유산 연구지식포털: 접속 2023. 3. 2.
  https://portal.nrich.go.kr/kor/originalUsrView.do?menuIdx=66&info_idx=8659&bunya_cd=412

'특수관계'로 주변국에 이해시켰던 것처럼, 우리 남북한도 그리해야 합니다. '한반도(조선반도)식 평화와 통일'은 남북한 당국과 민간이 협업하고 동참하여 함께 이끌어가야 합니다. 이렇게 남북한은 가장 가까운 이웃이자, 같은 민족으로서 중단 없이 지속되는 교류 협력을 통해 '민족 화해와 세계평화'를 위한 위대한 동반성장의 역사를 멈춤 없이 계속 이어가야 합니다. 이를 위해 우리는 평화를 연습하고 실천해야 합니다.

아래의 기사 내용은 남북 교류 협력이 경색된 상황 중에도 새로운 시도로 평화를 도모하기 위해 다양하게 노력하고 있는 여러 민간단체의 모습과 과제 등을 보여줍니다. 이 단체들 가운데 좀 더 관심이 가는 한 곳에 접속하여 잠시 살펴본 후 그들의 노력에 대한 느낌이나 생각을 나눠봅니다.

① 유엔, '평양심장병원' 건설 위한 한국 민간단체 대북지원 제재 면제 승인[14]

② 유엔, 미 샘복지재단 대북제재 면제 1년 재연장[15]

③ 통일보건의료학회, 추계학술대회 개최: 생명을 살리는 소통 '남북 보건의료 용어 통일을 위한 준비'[16]

---

14) VOA 뉴스, 2021.11.5., https://www.voakorea.com/a/6301934.html 접속 2023. 3. 2.

15) SBS 뉴스, 2021.8.14., 접속 2023. 3. 2. https://news.sbs.co.kr/news/endPage.do?news_id=N1006429436

16) EMD, 2019.12.2., 접속 2023. 3. 2.

④ "한반도, 기후변화에 취약… 남북협력 대응 중요"[17]

⑤ 남남갈등 해결과 남북이해를 돕는 민간단체의 역할: 평화드림아카데미, 통일교육교재 등[18]

| ① | ② | ③ | ④ | ⑤ |

남북한 교류 협력에 있어서 가장 핵심적인 속성과 원칙을 담았습니다. 남북교류 협력은 '막무가내식', '퍼주기식', '무원칙'이 되어서는 안 됩니다. 남북 모두를 위한 중요한 원칙이므로 상호주의, 평형주의, 기능주의의 세 원칙을 강조해 주시기 바랍니다.

북한이 핵 개발을 계속하고 있는 상황에서 북한과 교류 협력을 유지하는 것이 어떤 의미가 있을지에 대한 의문이 있을 수 있습니다. 하지만 교류 협력의 목적은 민족 화해와 평화, 그리고 더 나아가서 통일임을 기억해야 합니다. 그리고 국제사회가 취하는 대북 경제제재의 목적도 물리적 방법이 아니라, 대화를 유도해 평화적인 방법으로 문제를 해결해야 합니다. 북한 당국이 핵을 개발하는 이유는 정권 유지에 위협을 느끼기 때문이고, 이를 방어하기 위한 수단이 되기 때문입니다. 이에

http://mdon.co.kr/news/article.html?no=24522

17) 한겨레신문, 2019.11.11., 접속 2023. 3. 2.
https://www.hani.co.kr/arti/science/science_general/916510.html

18) 평화드림포럼, 접속 2023. 3. 2. http://www.peacedream.org/

'강대강(强對强)'의 물리적인 방법으로 서로 대응하면서 대화를 유도하는 것도 하나의 방법이 될 수 있을 것입니다. 하지만 그러한 가운데서도 우리는 끊임없이 '교류 협력'의 방법으로 한반도의 안정적 변화를 만들어야 합니다. 그것이 비록 급격한 것이 아닐지라도 그런 방향으로 나갈 수 있도록 한 걸음씩 발걸음을 옮기면 작은 오솔길이 생길 것이고, 이어 점점 자동차가 다니는 길로 확장되고, 더 나아가 철도가 달리게 될 것입니다. 이러한 희망을 품고 남북한 주민 모두가 인류 보편의 가치로 존중받으며, 평화롭고, 풍요로운 삶을 살 수 있는 동반성장으로 나가야 할 것입니다.

남북교류 협력을 위한 민간단체들의 활동을 소개하는 기사 중에서 학습자들이 한 가지씩 골고루 선택하여 살펴보게 합니다. 각 단체가 난관을 극복하며 교류 협력의 길로 향하는 모습을 본보기 삼아 구체적인 삶에서 실천으로 이어질 수 있도록 인도해 주시기 바랍니다.

①, ② 다양한 민간단체의 계속되는 활동과 요청을 통해 국제기구도 제재 면제를 승인하는 예를 보여주고 있습니다. 남한의 더 많은 민간단체들이 적극적으로 국제사회에 남북한 민간 차원의 교류와 협력의 필요성과 중요성을 지속적으로 알리고 요청할 필요가 있습니다.

③ 앞으로 남북의 교류 협력을 상정하여 전문 분야에서 필요한 용어를 통일하기 위한 시도는 반드시 필요하고 거쳐야 할 과정입니다. 각 전문 분야마다 이러한 구체적인 관심과 운동이 이어지는 것 자체가 민간교류 협력의 중요한 소재와 통로가 될 뿐 아니라, 언어통합을 통해 남북이 더욱 가까운 관계로 발전하게 될 것입니다.

④ 기후변화와 환경 문제에 대한 남북한의 공동 대응을 통한 교류

협력은 매우 실질적인 문제이면서, 정치적으로 덜 민감한 분야입니다. 이는 남북한 모두에게 유익할 뿐만 아니라, 세계적인 기후변화, 환경 문제에도 함께 기여할 수 있는 길입니다.

⑤ 남남갈등의 문제를 해결하는 일도 매우 중요합니다. 남북한의 교류에 있어 큰 걸림돌 중의 하나는 '남남갈등'입니다. 이로 인해 남북교류 협력의 '지속성'이 깨지는 경우가 많습니다. 또 남북한 동질성 회복과 차이에 관한 포용성을 키우기 위해 북한에 관심이 없는 사람과 공동체에 북한의 문화를 소개하고 탈북민을 소개하거나 관심을 나누는 것도 필요합니다.

— 교류와 협력의 중요성을 위해 다음 영상을 참조할 수 있습니다. 이 영상은 독일 재통일 전 동독의 마지막 총리였던 한스 모드로 전 총리를 인터뷰한 내용입니다. '신뢰·화해가 통일의 지름길'이라 강조하고 있습니다.

| https://www.youtube.com/watch?v=1flCGTrj8z0 [접속 2023. 3. 2.] | |

4. 삶에 접속하기: 오늘, 선(線) 너머 손잡기(20분)

동서독의 교류 협력, 그리고 재통일의 역사적 교훈을 통해서 살펴보았듯 평화는 혼자서 완수할 수 없습니다. 서로 다른 상대국과 그 주변국,

각 당국과 단체 그리고 전 세대의 구성원 한 사람 한 사람의 손길이 필요합니다. 그리고 그렇게 만들어진 평화는 그 모두가 함께 누립니다.

남북한의 평화도 그렇습니다. '일부'가 아닌 '전부'의 손길이 더해져야 합니다. 나의 손길이 어떻게 더해질 수 있을지 아래 나눔을 통해 평화를 연습하고 실천해 봅니다.

'마음의 분단선'을 넘어 오늘부터 실천이 가능한 내용을 찾아 적용해 봅니다.

1) 남북한이 마음의 분단선을 넘어서는데 해결해야 할 큰 장애물들을 아래 ①번 칸에 생각나는 대로 적어 봅니다.

2) ①번 칸에 적은 내용 중에서 한두 가지를 골라 ②번 칸에는 그 장애물을 해결할 수 있는 구체적인 방법을 생각나는 대로 모두 적어 봅니다.

3) ②번 칸에 적은 방법들을 중에서 ③번 칸에는 많은 사람이 함께 참여해야 하는 것을 적고, ④번 칸에는 개인이 혼자라도 가능한 방법들을 적어 봅니다. 양쪽에 모두 해당하면 두 칸에 다 적습니다.

4) ④번 칸에 적은 내용 중 오늘부터 실천할 수 있는 것을 골라 표시해 봅니다.

5) 정리한 내용을 구성원들과 함께 나눠봅니다.

<table>
<tr><td>①</td></tr>
</table>

①	

②	

③	④

이상은 학습자들이 학습 현장에서 바로 찾아 실행, 적용할 수 있도록 돕기 위해서 구성하였습니다. 이 부분을 강조하면 좋겠습니다. 더불어 다음 공과에서 이 부분을 확인할 수 있으면 효과적입니다.

"평화는 일순간에 이루어지는 것은 아닙니다.
일상의 삶 가운데 우리는 계속해서 평화를 연습하고
실천해야 합니다."

자연과 인간의 평화로운 공존

자연과의 공존이 평화를 부릅니다

활동에 앞서, 전체 진행자들에게 주어진 지침을 함께 다시 읽어 주세요.

— 교육이 진행되는 동안에는 평화를 이끌어내는 '원형 대화모임 (서클 프로세스)'의 진행방식을 원칙으로 하되, 번개 토론과 침묵 등 짧은 활동을 통해 자기 생각과 감정을 충분히 나눌 수 있도록 안내합니다.

— 특별히 이번 과에서는 주제에 따른 질문에 자신의 생각과 느낌을 말하되, 말 이외에도 오가는 기운을 느끼며 자연과의 평화로운 공존에 이르는 길을 찾아가게 안내합니다. (사전준비 이면지와 펜)

— 토론 시, 무리하게 어떤 합의나 결론에 이르거나, 교훈적 메시지로 배움이 단순화하지 않도록 열린 마음으로 참가할 수 있도록 안내합니다.

1. 마음열기—작은 연못

— 마음 열기 활동은 오늘 함께 만들어갈 대화와 배움의 과정의 분위기와 방식을 제안하고 약속하는 과정입니다. 모든 참가자가 서로 존중하며 공동의 지혜를 통해 앞으로 나아갈 길이나 과제를 실현해갈 수 있도록 상호 연결되는 시간으로 안내합니다.

— 온라인 모임으로 진행할 경우, 화상 모임 플랫폼은 'ZOOM'을 기준으로 '화면 공유', '소회의실' 기능을 확인합니다. 교육 전, 충분한 여유를 가지고 프로그램 기능을 파악하고 테스트해 둡니다.

이제 학습자용 교재에 있는 본문의 순서대로 진행해 볼까요.

(1) 사전에 큐알 코드를 스캔해서 영상을 바로 볼 수 있게 준비해 둡니다.

(2) '작은 연못' 노래를 차분한 마음으로 듣습니다.

(3) 다 들은 후에는, 참가자들에게 편안하게 눈을 감게 하고, 깊은 산 오솔길을 걸어 작은 연못 앞에 서 있다고 느끼게 합니다.

접속 2023. 3. 2.
https://youtu.b
e/W0LpbShfjrA

김민기의 '작은 연못' 노래를 감상한 후 편안하게 눈을 감아봅니다. 깊은 산 오솔길을 걸어 자그마한 연못에 도착했습니다. 그곳엔 예쁜 붕어 두 마리가 살고 있습니다. 그런데 어느 날 서로 싸우다가 그만, 한 마리가 죽고 말았습니다. 이내 물도 썩었고 남은 한 마리의 살도 썩어서 죽고 말았습니다. 그래서 지금은 아무것도 살고 있지 않습니다.

이제 깊은 산 작은 연못을 다시 떠올려 봅니다. 아무것도 살지 않는 연못이 아니라 그 옛날 연못, 그곳을 찾아오는 수많은 생명을 고요히 헤아려봅니다. 연못은 비록 작지만, 그들 모두에겐 소중한 선물입니다.

그 소중한 선물을 영영 잃어버리게 하는 싸움은 어떻게 해야 멈출 수 있을까요? 지금까지도 계속되고 있는 이 싸움을 멈추고 평화로 가는 길을 깊이 묵상하면서, 잠시 다음 동작을 마음을 실어 천천히 해봅니다(이끄는 분이 천천히 낭독해줍니다).

"가슴 위에 평화를 깨뜨리는 생각과 마음을 하나 올려놓습니다. 인간의 존엄성을 깨뜨리는 마음이 심장에서 나와서 내 팔을 타고 손끝으로 가고 있습니다. 손을 깍지 끼고 앞으로 밀다가 세차게 풀어버리면서 그 마음을 밖으로 던져버립니다. 이번에는 가슴 위에 공동체를 깨뜨리게 하는 마음과 생각 하나를 올려놓습니다. 심장에서 흘러나와 내 팔을 타고 손끝으로 가고 있습니다. 손을 깍지 끼고 앞으로 밀다가 세차게 풀어버리면서 그 마음을 밖으로 던져버립니다. 다시 이번에는 국가와 민족, 남북한의 평화를 깨고 있는 생각과 마음을 하나 떠올립니다. 그것이 무엇이든 내 심장으로 느끼며 내 팔과 손끝으로 흘러가게 합니다. 그리고 손을 깍지 끼고 앞으로 밀다가 세차게 풀면서 밖으로 던져 버립니다. 이제 여덟을 셀 때까지 천천히 숨을 크게 들이쉬어 봅니다. 더 이상의 내 필요를 넘어 탐하는 마음이 자리하지 않도록 새 숨을 심장까지 채워봅니다. 여덟을 셀 때까지 천천히 들이쉬어 봅니다. 하나, 둘, 셋, 넷, 다섯, 여섯, 일곱, 여덟! 여러분의 심장이 새로운 숨으로 채워졌습니다. 천천히 눈을 떠 주십시오."

주변(창밖)에 있는 자연을 바라봅니다(잠시 침묵). 우리와 늘 함께 하는 자연은 어딜 봐도 그 자체로 우리에겐 좋은 선물입니다. 우리 모두에게 주어진 소중한 선물입니다.

모두 알다시피 이 선물을 누릴 수 있는 기간이 얼마 남지 않았습니다. 기후 위기와 종의 멸종 때문인데, 위험으로부터 지키기 위해서는 2030년까지가 중요합니다. 지구가 회복력을 유지하려면 지구 온도 상승을 1.5도로 억제하는 것이 중요한데, 그를 위해서는 2030년까지 탄소배출을 50퍼센트 감축하는 것이 우선되어야 하기 때문입니다. 만약 2030년 가서도 많은 이들이 이 귀한 선물을 누리게 하려면 어떻게 해야 할까요? 받은 선물을 그들에게 전할 수 있느냐 없느냐는 우리에게 달렸습니다.

잠시 내 안의 마음을 들여다봅니다. 어떤 생각과 어떤 느낌, 어떤 이미지가 떠오르고 있을까요? 앞으로 몇 년 후 '2030년까지 우리에게 주어진 선물을 누리려면'이란 제목으로, 둘씩 번개 토론을 한 번 해볼까요? (한 사람이 1분씩)

■ 번개 토론

자연과 인간의 평화로운 공존에 대해 깊이 있게 이야기하기에 앞서, 먼저 각자 각자의 생각, 느낌, 이미지를 나누는 시간입니다. 이후 더 깊은 대화를 나누기 위한 워밍업 과정이지요. 짧은 시간 동안 자기 생각과 정보를 요약적으로 가볍게 나눌 수 있도록, 한 사람의 발언이 1분을 넘지 않도록 안내해주십시오.

2. 생각 쌓기—평화가 머무는 곳, 접경지역

현재 우리나라는 한반도에 서식하는 생물종의 현황을 파악하여 매년 국가생물종목록을 발표하고 있습니다. 북한지역 분류군별 생물종목록집도 발간되어 있습니다. 그런데 자연과 인간의 조화로운 공존 및 지속가능발전을 살피기에 가장 좋은 공간은 '생물권보전지역'입니다. 생물권보전지역의 중요 기능 중 하나는 생물다양성의 보전인데,

좌측에 있는 단어들을 연결하여 그 의미를 풀이해 봅니다.

몸 영성 쉼터이
안전 휴양
음식 건강 연료
영감 행복 옷
마음 평화 공존
심신회복

생물권보전지역이 생물다양성을 보전한다는 것은,

_____

_____

_____이다.

생물다양성의 보전에 대한 단어 연결과 관련한 풀이 힌트를 드리면 이렇습니다.

"요즘 생물다양성은 건강하고 행복한 삶의 근원으로서 인간의 삶에 매우 중요합니다. 생물다양성은 식량과 섬유, 땔감과 건축자재 등 의식주의 재료를 얻는 데 도움을 주며, 특히 의약품의 원료와 성분을 제공하는 중요한 기초 생필품부터 안전과 건강에까지 영향을 미칩니다. 나아가 휴양과 여가활동 유대감, 영감의 원천 등 정신적인 측면에도 측정할 수 없는 기여를 합니다. 사람들은 자연을 통해 심신의 회복과 안정을 도모합니다. 생물다양성이 인간에게 주는 이러한 정신적, 영적인 혜택은 마음의 평화를 도모하는 데 기여합니다"[1]

---

1) MAB한국위원회, 유네스코한국위원회 기획, 생물권보전지역과 평화, 2020

전 세계적으로 생물권보전지역이 지정되어 관리되기 시작한 지 50여 년이 흘렀습니다. 유네스코는 1971년 인류가 지구상에서 살아가는 하나의 종으로서 생태계의 일원임을 인식하고, 바람직한 자연과 인간의 관계를 모색하기 위하여 '인간과 생물권(MAB · Man and Biosphere) 사업'을 시작하였습니다. 개발로 인한 환경 문제가 대두되고 있는 상황에서 생물다양성을 보전하면서 지역사회의 발전을 함께 도모하기 위함이었습니다. 그래서 기존의 자연보전 중심의 보전지역과는 달리 자연보전뿐만 아니라, 그곳에 사는 사람들을 함께 고려하는 목적을 갖습니다. 생물권보전지역은 자연과 인간의 공존에 관해 핵심구역, 완충구역, 협력구역의 세 가지 용도 구역 지정을 통해 해결해 갑니다.

우리나라는 언제 어떤 곳들을 생물권보전지역으로 지정하였을까요? 1982년 설악산이 최초로 지정되었습니다. 이후로 제주도, 신안 다도해, 광릉 숲, 고창, 순천에 이어, 2019년 강원 생태평화 그리고 연천 임진강 생물권보전지역까지 차근차근 그 숫자가 늘고 있습니다.

특별히 비무장지대 인근 지역을 포함하는 '강원 생태평화'와 '연천 임진강'은 생물권보전지역을 통한 한반도의 지속 가능한 평화와 발전이라는 비전을 품은 터전으로 자리 잡아가고 있습니다. 생물 다양성 보전, 즉 자연보전은 물론 자연의 평화에도 기여하고 있는 것입니다. 유네스코가 접경지역의 생물권보전지역의 경우 두 개 이상의 국가가 공동으로 신청한 곳을 지정하기에, 지역의 생물다양성을 보전하면서 자연스럽게 국가 간 협력과 평화를 도모하고 있습니다. 현재까지 지정된 곳은 전 세계적으로 129개국 714곳입니다(2020년 말 기준)[2].

이들 지역을 인간과 자연의 관점에서 새로이 바라보며 자신만의 개념으로 정리해봅니다.

인간에게 '생물권 보전지역'이란 ＿＿＿＿＿＿＿＿＿＿＿이다.

왜냐하면 ＿＿＿＿＿＿＿＿＿＿＿＿＿＿이기 때문이다.

자연에게 '생물권 보전지역'이란 ＿＿＿＿＿＿＿＿＿＿＿이다.

왜냐하면 ＿＿＿＿＿＿＿＿＿＿＿＿＿＿이기 때문이다.

접경지역 생물권보전지역의 핵심구역인 비무장지대(DMZ)는 남북 갈등의 최전선에 있음에도 불구하고 최상의 생태계 조건을 유지하고 있습니다. 군사 충돌을 방지하기 위해 한반도의 허리 휴전선으로부터 남과 북으로 각각 2km씩 어느 쪽도 군사시설 및 병력을 배치하지 않은 덕분입니다. 그곳에는 사람의 손길이 별로 닿지 않아 수많은 동식물이 자유롭게 살아올 수 있었습니다. 남북 갈등의 상황이 아직도 최상의 생태계 조건을 유지하게 하고 있습니다.

한강 하구와 임진강을 중심으로 하는 평야지대, 바다의 영향이 없는 중부 내륙지역, 태백산맥이라는 큰 지형적 영향을 받는 산악지역, 그리고 동부 해안지역 네 곳 모두가 다른 환경 속에서 뛰어난 종 다양성을 유지하고 있습니다. 서쪽 백령도의 물범은 물론 두루미와 재두루미, 수달, 열목어 그리고 반달가슴곰까지 멸종위기 야생동물들이 약 100여 종이나 살고 있다는 소식도 들립니다. 전쟁과 분단의 산물이면서, 동시

---

2) 인간과 생물권프로그램(Man and the Biosphere Programme: MAB) 한국위원회 홈페이지 : http://unescomab.pms.or.kr/v2/main.html (접속 2023. 3. 2.)

에 평화의 공간이자 모두가 서로를 살고 살릴 수 있는 생명의 공간이
바로 DMZ입니다.

그런데 접경지역 생물권보전지역의 핵심구역인 비무장지대
(DMZ)는 전쟁의 흔적이 여전합니다. 대인지뢰를 밟아 발목을 절뚝거리
는 동물들은 물론, 전쟁 피해자들이 있습니다. 우리 군인만이 아니라
1만여 명의 미수습된 참전 군인들의 유해도 품고 있습니다.

그래도 그곳에는 사람의 손길이 별로 닿지 않아 수많은 동식물이

접속 2022.5.15
http://image.yes24.com/goods/86667099/XL

자유롭게 살아올 수 있었습니다. 군
사충돌을 방지하기 위해 한반도의
허리 휴전선으로부터 남과 북으로
각각 2km씩 어느 쪽도 군사시설 및
병력을 배치하지 않은 덕분입니다.
DMZ는 남북 갈등의 상황 중에도 최
상의 생태계 조건을 유지하고 있습니
다.

이러한 상태를 잘 그리고 있는
그림책이 있습니다. 『기이한 DMZ 생태공원』(강현아 지음, 소동)입니
다. 아직은 갈 수 없는 곳이니 그림책으로 살짝 들여다볼까요? 다음
큐알코드를 스캔하면, 책에 관한 이야기와 책 속에 등장하는 생물들의
진솔한 이야기를 들을 수 있습니다.

기이한 DMZ
생태공원   휴전선 등털   탄피물고기   지뢰탐지   넋두리 할미꽃
　　　　 산양　　　　　　　　　　　고사리

어떤가요? 가보지 못한 곳, 아직은 갈 수 없는 곳 DMZ에 있을 생물들의 이야기에 공감이 되는지요? 그들이 어떤 상황에 있는지, 그들에게 필요한 것은 무엇인지 상상해보셔도 좋겠습니다. 만약 그들 생명과 평화로운 공존을 위해 만남의 기회가 주어진다면, 어떤 선물, 어떤 약속을 하실 수 있을까요? (잠깐 묵상)

남북 간의 긴장으로부터의 완전한 자유가 DMZ에 찾아드는 날은 올 것입니다. 언제쯤 올까요? 남북 간의 긴장이 완전히 풀리고, 남과 북에 평화가 찾아드는 날, 생명과 평화의 동산 DMZ에는 어떤 변화가 생겨날지 참 궁금합니다. 혹여 개발의 바람이 불어서 동식물들이 지금 누리고 있는 평화를 오히려 깨게 되지는 않을지 걱정도 됩니다. 그렇게 되지 않도록, 지금 잠시 침묵으로 기도해봅니다. (3분 침묵기도)

3. 생각에 날개 달기 : 서로에 대한 배려로 시작되는 공존

이번 순서는 소모임으로 진행하면 좋습니다. 특히 원으로 둘러앉은

상태로 시작하면서 예시된 텍스트를 참가자들의 목소리를 초대하여
세 번 반복해서 듣습니다. 한 사람이 낭독한 후 다음 사람이 읽을
때는 잠시 침묵이 흐르게 합니다.

서로 해치거나 파괴하지 않는 배려, 공존의 아름다운 모습이 잘
드러나 있는 이야기가 있어 소개합니다.

> "그 때에는, 이리가 어린 양과 함께 살며, 표범이 새끼 염소와
> 함께 누우며, 송아지와 새끼 사자와 살진 짐승이 함께 풀을 뜯고,
> 어린 아이가 그것들을 이끌고 다닌다. 암소와 곰이 서로 벗이 되며,
> 그것들의 새끼가 함께 눕고, 사자가 소처럼 풀을 먹는다. 젖 먹는
> 아이가 독사의 구멍 곁에서 장난하고, 젖 뗀 아이가 살무사의 굴에
> 손을 넣는다. 나의 거룩한 산 모든 곳에서, 서로 해치거나 파괴하는
> 일이 없다." (새번역, 사 11:6~9)

서로 해치거나 파괴하지 않는 배려, 자연과 인간이 공존하는 모습을
잘 그려내고 있는 본문입니다. 차근차근 천천히 본문을 서너 차례
읽어보십시오. 어떤 단어, 어떤 이미지가 떠오르나요? 본문이 나를
향해 걸어오는 말에 귀 기울이며 평화가 실현된 세상을 상상해봅니다.
그리고 꿈꾸는 대로 이루어진다는 마음으로, 가장 평화로운 세상의
모습을 상상해봅니다. 우리가 이룰 수 있을까 하는 현실적 판단은
뒤로하고, 충분히 상상하면서 이면지나 광고지 뒷면을 활용해 A4용지
에 그림으로 표현해봅니다.

내가 상상하는,
가장 평화로운
세상 그리기

모두 다 그리면 앉아있는 자리의 중심, 원 안에 가져다 놓도록 합니다. 그림이 다 그려지고 한 곳에 모이면, 모두 일어나서 중심에 놓인 그림을 감상하고 돌아와 아래 질문을 가지고 '지구돌봄서클3)'로 함께 나눕니다.

지구돌봄서클을 위해서는, 먼저 진행자와 기록자, 시간 지킴이(타임키퍼)를 정합니다(인원은 10~15명이 적정합니다). 진행자는 다음 질문을 읽어주고, 한 사람씩 돌아가면서 2~3분 정도 각자의 생각과 감정을 나누게 합니다. 이야기하는 사람은 다음 사람이 이야기하기 전 약간의 침묵이 흐르도록 합니다. 토킹스틱(Talking Stick)을 정해두고, 가지고 있는 사람만 이야기하면 온전한 경청에 도움이 될 것입니다 (온라인에서 순서를 정해놓거나 서로를 초대하는 방식으로도 진행 가능).

▨ 서클 질문

1. '나의 거룩한 산, 서로 해치거나 파괴하지 않는 그때'를 어떻게

---

3) '지구돌봄서클' 진행과 관련해서는 기독교환경교육센터살림
(https://blog.daum.net/ecochrist/1017 접속 2023. 3. 2.)를 통해 진행도 등 관련
영상을 전달받을 수 있습니다.

상상하셨을까요? 이룰 수 있는 날로 희망하고 있는지, 상상한 그 날의 모습과 더불어 한두 문장으로 이야기합니다.

2. 남한과 북한이 평화로운 관계 속에 있었던 순간을 떠올려봅니다. 그렇지 않았을 때와 어떤 차이가 있었을까요? 왜, 그런 차이가 나타나는 것일까요?

3. 인간이 자연과 평화로운 공존, 곧 평화를 깨는 인간의 죄에는 어떤 것들이 있을까요? 예를 들어 보고, 그 이유를 설명해 봅니다.

남과 북에는, 아니 지구상에는 헤아릴 수 없이 많은 생명이 살고 있습니다. 그 수많은 생명의 겉모습만 보고, 사람들은 '약육강식', '적자생존'이라는 말을 내세워 서로를 잡아먹고 먹히는 관계에 있다고 말하곤 합니다. 하지만 이러한 말들은 사람들이 동물을 대하는 자신의 태도를 정당화하고 합리화하기 위한 말에 지나지 않습니다. 또 인간사회 내에서도 강자들이 약자에 대한 자신의 폭력을 합리화시키기 위한 이데올로기에 지나지 않습니다.

조금만 다른 시선으로 봐도 다름을 볼 수 있습니다. 그들 생명은 다른 생명 덕분에 살며, 또 자기 자신도 누군가의 생명에 먹이가 되어줍니다. 서로를 살리는 관계 속에 있는 것입니다. 우리는 자연 생태계 안에 어떤 종류의 생명이 얼마나 살고 있는지 잘 모릅니다. 헤아릴 수 없이 많은 생명이 그렇게 관계 맺고 살아갑니다. 사자처럼 강한 동물도 살지만, 벌과 나비와 같이 약한 생명이 그보다 더 많이 살고 있습니다. DMZ 비무장지대처럼 인간의 손이 미치지 않은 곳이라면 더욱 많은 생명이 넘쳐나고 있습니다.

그러고 보면 우리의 잘못된 시선이 인간과 인간, 인간과 자연의 공존을 깨는 폭력을 부른다고 할 수 있습니다. 폭력은 생존기반을 파괴하는 폭력, 생명체에 대한 직접 폭력, 삶의 태도에 의한 폭력, 인간 서로 간의 불화(전쟁)를 일으키는 폭력 등 다양합니다. 이들 폭력은 어떤 원인, 어떤 방식으로 행해지든 간에 결국 부메랑처럼 우리 자신에 대한 폭력으로 되돌아와서 자연의 평화를 깨는 근본 이유가 됩니다.

동식물, 자연과의 평화 없이 인간 사이의 평화는 불가능합니다. 본문의 이사야 11장 5절은 정치적 상징의 의미를 합해서 야수와 젖먹이의 평화로운 공존을 노래하고 있습니다. 이사야가 그린 '평화'는 사자가 어린 양과 함께 놀고, 나이가 어린 아이가 육식동물과 초식동물을 함께 이끌고 다니며, 독사가 흙만 먹고 사는 것입니다. 물론 그것은 역사 속에서 '자연스럽지 못한' 것이 현실입니다. 역사 속에서 그런 가능성이 존재하리라고 믿는 것(짐승을 길들이는 데 대한 왜곡된 해석을 제외하고는) 또한 유토피아적 망상일지도 모릅니다. '평화로운 왕국'이란 결국 궁극적인 이상이거나 종말론적인 희망일지도 모릅니다. 그러나 포기하거나 책임있는 행동을 멈출 수 없는 것은 인간은 모든 생명의 필요를 채워주는 지구를 평화롭게 지키고 돌보아야 할 책임이 있다는 것입니다. 인간 활동에 대한 기후변화의 위험을 평가하는 국제기구인 "기후변화에 관한 정부 간 협의체"(IPCC, Intergovernmental Panel on Climate Change)가 최근 펴낸 제6차 보고서[4]에서 보듯, 지금의 기후 위기는 인간의 책임임이 명백하기 때문입니다.

---

4) https://www.ipcc.ch/report/ar6/wg2/ (접속 2023. 3. 2.)

자연과 평화로운 공존을 이룰 길은 어디서 찾을 수 있을까요? DMZ을 비롯해 남북한으로 완전 분리되어 다른 이름으로 불리지만 그저 그러하게 자라고 있는 식물들을 보면 어렴풋하게나마 그 길을 알 수도 있을 듯합니다.

남한과 북한은 한민족으로 한반도에 살고 있지만, 휴전선으로 완전 분리된 채 살고 있습니다. 남북한의 자연을 봐도 다른 공간이지만 같은 식물이 자라고 있습니다. 다른 공간이지만, 옆의 큐알코드5)를 스캔해서 봐도 알 수 있듯이, 같은 식물들이 다른 이름으로 자라고 있습니다. 2018년 북한 지역의 식물 3,523종이 담긴 '조선식물지'와 우리나라 국립생물자원관이 발간한 '국가생물종목록'을 비교 조사한 바에 따르면, 약 50퍼센트인 1,773종의 식물 이름이 다른 이름으로 자라고 있습니다. 북한에서는 작약을 함박꽃으로, 라일락은 큰꽃정향나무로, 쥐똥나무는 검정알나무로, 리기다소나무는 세잎소나무로, 양버즘나무는 방울나무로 부르고 있습니다.6) 남북으로 갈라진 땅에서 다른 이름으로 자라는 이들 식물을 보면, 아직 끝나지 않은 전쟁, 휴전 중임에도, 자연은 평화로운 모습입니다. 스스로 그저 그렇게

---

5) 남북한 식물비교 (접속 2023. 3. 2.)
https://m.blog.naver.com/PostView.naver?isHttpsRedirect=true&blogId=gounikorea&logNo=221887065235

6) 더 자세한 사항은 http://www.econew.co.kr/news/articleView.html?idxno=295 에서 확인(접속 (접속 2023. 3. 2.)

존재할 뿐, 좋고 나쁨을 따지지 않아서일까요, 자신의 옳음만을 고집하지 않고 상대의 옳음도 존중하고 지켜주는 공존, 지극히 작은 생명까지도 배려한다면, 우리도 자연과 인간, 인간과 인간 간의 평화로운 공존을 이룰 수 있지 않을까 하는 생각을 해봅니다.

4. 삶에 접속하기

4-1. 일상에서 자연과 평화에 이르는 길

우리는 그동안 남북 이산가족 상봉, 남북정상회담, 금강산 관광, 개성공단 등 남북 경협, 남북 공동체전은 물론, 남북 생태계를 연결하는 남북 산림협력 등으로 남북 간의 교류를 해왔습니다. 요즘엔 DMZ과 그 인근 접경지역에서 인간과 자연이 평화로운 공존을 이루어가기 위한 한반도 평화 생명 동산을 만드는 노력도 이어가고 있습니다.

평화는 하나로 만나는 지점에서 시작됩니다. 연결이 끊어진 자리, 인간과 인간 사이, 인간과 자연 사이에서 이루어지는 만남에서 평화는 실현됩니다. 국가 간, 민족 간, 지역 간, 교회 간은 말할 것도 없고, 70여 년을 갈라진 상태로 지내고 있는 남과 북도 만남을 반복해서 연습해간다면, 우리는 반드시 평화에 이르게 될 것입니다.

남과 북이 하나로 평화에 이르는 꿈을 꾸면서, 다음 시를 반복해서 읽어봅니다. 70여 년을 한반도에서 남과 북으로 갈리어 대치하고 있는 우리를 불쌍히 여기며 들려오는 음성에 귀 기울여 들어봅니다.

평화나누기 (박노해 · 시인)

　일상에서 작은 폭력을 거부하며 사는 것/ 세상과 타인을 비판하듯 내 안을 잘 들여다보는 것/ 현실에 발을 굳게 딛고 마음의 평화를 키우는 것/ 경쟁하지 말고 각자 다른 역할이 있음을 인정하는 것/ 일을 더 잘 하는 것만이 아니라 더 좋은 사람이 되는 것/ 좀 더 친절하고 더 잘 나누며 예의를 지키는 것/ 전쟁의 세상에 살지만 전쟁이 내 안에 살지 않는 것/ 총과 폭탄 앞에서도 온유한 미소를 잃지 않는 것/ 폭력 앞에 비폭력으로, 그러나 끝까지 저항하는 것/ 전쟁을 반대하는 전쟁을 하는 것이 아니라/ 따뜻이 평화의 씨앗을 눈물로 심어가는 것

평화平和에 대하여 (정일근 · 시인)

　풀어 말하자면/ 세상이 잔잔한 수면처럼/ 고르고 평평하여/ 수확한 벼를 여럿이/ 나눠 먹는 일이 평화다./ 그래서 전쟁을 겪어본 사람만이/ 벼와 밥이 평화라는 것을 안다/ 심각한 얼굴로 승용차를 타고/ 바삐 달려가는 도시 사람에게/ 세상은 아직 전쟁 중이고,/ 올해도 황금 풍년이 찾아온/ 은현리 들판은 여전히 태평성대다./ 농부 한 사람 느릿느릿/ 논두렁길을 걸어가며 활짝 웃는다/ 그 얼굴이 평화다

　위의 시를 몇 차례 반복해서 낭독해봅니다. 지금까지 우리 한반도는 70여 년을 남과 북으로 갈라져 대치하고 있습니다. 정전협정 후 아직 전쟁 중인 남과 북을 불쌍한 마음으로 바라보며, 어떻게 해야 다시 연결할 수 있을지 생각해봅니다.

　남북 간의 분단은 현재 전 세계적으로 진행되고 있는 기후재난에도

큰 영향을 받습니다. 전 세계가 1.5도 이상 지구온도가 상승하는 것을 막기 위해 애쓰고 있는데, 만약 그를 지켜내지 못하고 기후 재난이 북쪽에 덮친다면 한반도에는 군사적 긴장이 더 고조될 것입니다.

남북한에 기후 재난은 어떻게 닥쳐올까요? 잦은 홍수와 식량감소 등 남한과 북한 각각에 예상되는 피해7)를 예상해보고, 그 차이를 설명해봅니다. 남북한이 직면하게 될 기후위기와 관련하여, '따로 또 같이' 해결해갈 일이 어떤 것이 있을지 생각해보고 아래 칸을 채워봅니다. 남북한이 각자 가지고 있는 장단점을 잘 활용하여 협력함으로 이 위기를 잘 대응할 방법도 작성해보고, 서로 나누어 봅니다.

기후 재난이 왔을 때, 남북한이 따로 또 같이 겪게 될 피해를 적어본 후, 어디서 오는 차이인지 이야기해 봅니다.

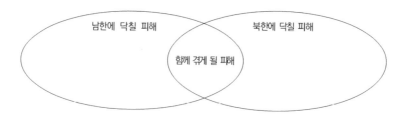

기후 재난으로부터 자유로운 평화를 이루기 위해서는 남과 북이 협력해야 합니다. 한반도가 기후변화에 취약한 이유도 있지만, 남북이

---

7) 가. "기후변화로 인한 북한 식량감소·잦은 홍수, 한반도 안정 위협"(접속 2023. 3. 2.)
　　https://www.hani.co.kr/arti/society/environment/1005726.html
　나. 북한의 기후정책 "기후변화는 북한사회의 변화를 가속화시킬까?"(접속
　　2023. 3. 2.)
　　http://m.ecomedia.co.kr/news/newsview.php?ncode=1065580134255659

기후협력 사업을 통해 탄소배출량을 감축하고 흡수원으로서의 산림을 조성하는 일을 서로의 장점을 살려 협력해간다면, 각자 하는 것보다 조금은 더 수월하게 탄소중립을 이룰 수 있을 수도 있습니다. 남과 북은 어떤 장점을 가지고 협력할 수 있을지 생각해봅니다.[8]

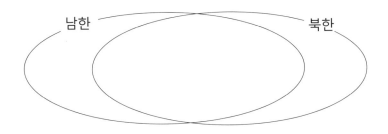

남북 간의 기후협력이 적극적으로 진행되게 하려면 어디서부터 시작해야 할까요? 지금 북한은 자연생태계의 이산화탄소 흡수량 증가와 인위적 이산화탄소 배출량(현재 전 세계의 0.1퍼센트)의 감소로 탄소중립에 가까워지고 있는 반면, 남한은 자연 생태계의 이산화탄소 흡수량보다 이산화탄소 배출량(현재 전 세계의 1.2퍼센트)이 오히려 크게 증가하고 있습니다[9]. 1990년 이후 2019년까지 140퍼센트가 증가, 연평균 증가율이 3.1퍼센트나 되었다. 그에 반해 북한은 세상에서 가장 이산화탄소를 적게 배출할 뿐 아니라, 1인당 에너지 소비량이 최저 수준에 있습니다. 북한의 국방 예산 규모(1조9천억)도 우리나라 음식물쓰레기

8) 참고기사: 한반도, 기후변화에 취약…남북협력 대응 중요(접속 2023. 3. 2.)
   https://www.hani.co.kr/arti/science/science_general/916510.html

9) 접속 2023. 3. 2.
   https://www.hani.co.kr/arti/society/environment/1005533.html

와 그 처리비용(20조 8천억)보다 낮으며, 해마다 재해로 타격을 받고 절대적 에너지 부족과 식량 부족을 겪고 있습니다.

나는, 내가 속한 공동체는, 그리고 국가 차원에서는 무엇으로 하나 되는 연습을 해보는 것이 가능할까요?

기후 재난을 피하기 위해서, 남과 북을 다시 연결할 경우 어떤 방식이 좋을까요? 나 혹은 내가 속한 공동체가 무언가 할 수 있다면 어떤 것으로 연결할 수 있을지 생각해보고, 그를 위해 자신이 할 수 있는 일에 대해 설명해 봅니다.

협력 내용	우리 (공동체·학교·직장·교회)	도시·국가	장애요소와 극복방안
한반도 에너지전환, 탄소중립			
한반도 숲(생태계)			
한반도 교류 거점 공간			

최근 산림청은 남북한 협력을 통한 탄소중립 계획을 발표한 바 있습니다. 전 지구적 기후위기를 해결하기 위해서는 국내에 나무 심는 것만으론 역부족이란 생각에서인데, 향후 30년간 북한 땅에 3억 그루를 심는 걸 목표로 하고 있습니다. 현재 북한 전체 산림 중 18퍼센트인 147만 헥타르가 다락밭으로서의 농지전환이나 벌채 등으로 황폐화되어

있는 상태라서 남북 산림협력 사업은 한반도 평화체계 구축의 마중물 역할을 할 수 있으리라 예측됩니다. 더구나 북한의 황폐화된 산림이 복원되면 환경재해 예방과 농업생산기반의 확충, 식량난과 연료난이 해결될 뿐 아니라 한반도의 건강한 생태계도 회복할 수 있으리라 예측되고 있습니다. 한반도는 두 개로 나누어져 있는 독립된 생태계가 아니라 '유기적으로 연결된 하나의 생태계'이기 때문입니다. 북한의 산림복원은 남북이 함께 나서서 해결해야 할 과제입니다. 문제는 정치사회적 상황인데, 북한의 환경과 경제가 피폐해질수록 우리 역시 그 영향에서 자유로울 수 없으니 더 늦추어도 안 될 것입니다.

접속 2023. 3. 2.
https://youtu.be/19
1I1wYaodU

옆의 큐알코드를 스캔해서 보면, 새로운 남북관계와 한반도 평화를 가져올 '판문점 선언' 장면을 볼 수 있습니다. 그렇게 합의한 지도 벌써 4년이 되었습니다 (2022년 기준). 경색된 남북관계는 쉽게 풀릴 기미가 보이지 않고 있습니다. 어디서부터 이 일을 계속 이어나갈 수 있을까요? 여러 해 전 민간 차원에서 '겨레의 숲'[10] 가꾸기 사업으로 민간 차원에서 북한 산림복원

사업이 추진된 적이 있습니다. 또 해외동포들이 중심이 되어 사랑을 실천하는 비영리단체인 OGKM(One Green Korea Movement)[11]

---

10) 겨레의숲은 북한의 황폐된 산림복구를 통해 북한지역에서 건강하고 풍부한 자연생태계를 복원하고 농업생산력을 복구하여, 북한이 당면하고 있는 식량난과 식수난, 에너지난 극복에 기여하며 남북간 개발복구 협력의 새로운 모범사례를 창출하고자 설립된 사회종교단체 간 협의체입니다.

11) OGKM(One Green Korea Movement)을 더 알아보고 지원하는 일을 하기 원한다면,

역시 북한의 황폐된 지역에 어린 묘목과 씨앗을 지원하여 한반도의 산림녹화(나무심기)를 전개하고 양묘장 시설에 지속적인 후원을 함으로써 북한의 산림녹화를 이룰 수 있도록 돕고 있습니다. 북한에 상하수도 시설을 지원하여 쾌적한 주거환경을 증진하고, 긴급의약품, 분유, 기저귀 등 긴급구호물품도 전달하기도 하였습니다.

단기간에 남북 당국 간에 교류가 정상화되기 어렵다면, 이처럼 민간 차원에서라도 이 일이 계속될 수 있도록 해야 하지 않을까요? 정부가 주선만 하면 가서 심을 수 있는 인력이나 기술은 확보되어있는 상황입니다. 어디서부터 풀어 가면 좋을까요? "남한과 북한의 평화가 한반도 생태공동체의 보전과 복원의 토대이고, 남북 협력사업과 대북지원사업의 기조는 한반도 생태계를 보전, 복원하는 것이어야 한다."는 생각에서부터 출발하는 건 어떨까요?

4-2. 우리에겐 새로운 이웃이 생겼습니다.

우리가 남북한의 평화와 한반도 생태계 복원, 더불어 탄소중립의 목표를 달성하기 위해서는 새롭게 해야 할 개념이 있습니다. '이웃'입니다. 그동안 우리는 사람들만을 이웃이라고 여겨왔습니다. 지구상의 가난과 질병 등 여러 가지 이유로 고통받고 있는 이들만을 이웃으로 여기며 돌보느라 힘써왔습니다.

하지만 기후 위기를 비롯해, 지구 절멸의 상황 속에서는 달라져야 합니다. 우리에게는 새로운 이웃이 생겼습니다. 새와 다람쥐, 나무와

이곳 링크(http://onegreenkorea.kr(접속 2023. 3. 2.)를 참고하십시오.

바람, 물과 공기, 흙, 따스한 햇살 등. 수많은 생명들이 우리 인간의 욕심으로 인해 고통 가운데 신음하고 있습니다. 결국 생태적 맥락에서 우리는 빈곤의 피해자이자 환경오염으로 인한 희생양이 된 자연을 이웃으로 삼아야 마땅할 것입니다. 자연 사랑은 보편화 된 이웃 사랑과 다르지 않습니다. 강도 만난 이웃과 마찬가지로 자연도 인간중심주의의 희생양이 되어 무참히 죽어가고 있기는 마찬가지이기 때문입니다.

오하마 인디언 부족들은 새로운 아기가 태어났을 때, 온 우주에 존재하는 모든 이웃에게 신고식을 거행합니다. 처음에는 해와 달과 별들에게 다음과 같이 선언합니다. "당신들 가운데 새로운 생명이 태어났으니 굽어살펴 주시옵소서. 그 길을 평탄케 하시어 그 첫 고개를 잘 넘어가게 하옵소서." 그다음에는 바람과 구름과 비와 안개들에게 아기를 소개합니다. 그다음에는 산과 계곡, 강과 호수, 나무와 풀들에게 소개합니다. 마지막으로는 "공중을 나는 크고 작은 새들이여, 숲속에 사는 크고 작은 짐승이여, 풀 사이를 지나며 땅속에 굴을 파는 모든 곤충들이여, 모두 내 말을 들으소서. 새로운 생명을 굽어 피사 그 길을 평탄케 하옵소서. 그리하면 이 아기가 네 고개를 잘 넘어갈 수 있을 것입니다."하고.

이 장엄한 예식은 150억 년의 우주 역사 속에서 존재해온 모든 우주의 이웃들, 그리고 45억 년의 지구 역사 속에서 존재해온 모든 지구의 이웃들, 그리고 최근에 지구상에 존재하게 된 유기적 생물체와 모든 인간의 이웃들과 정중한 관계를 맺는 놀라운 의식입니다.

그러면 새로운 이웃으로서의 자연을 사랑하는 우리의 삶은 어떤 모습이어야 할까요? 생명이 폭력으로 희생되는 동물적 약육강식의 세계이지만, 그럴수록 비폭력과 봉사의 자세로 뭇 생명을 만나야 하지 않을까요? 그것이 지금까지 자행되어온 자연에 대한 폭력을 근절하는 길일 테니까요. 우리가 그렇게 하지 않는다면 자연과 함께 우리 또한 파괴될 것이 분명합니다.

이렇듯 우리는 일상에서부터 자연과 평화하는 삶을 연습해야 할 것입니다. 요즘 대다수 사람은 행복하지도 평화하지도 않은 채 일상의 삶을 살아갑니다. 대량생산 대량소비 대량폐기의 사회에서 수동적 소비자로 살거나, 그 소비를 위해 창조의 기쁨을 박탈당한 채 살아갑니다. 그나마 다행스러운 건 이런 사회와 이를 지탱하는 사회적 폭력의 구조에 의문을 갖고 저항하는 이들이 늘어나고 있다는 것입니다. 절제와 나눔의 삶, 작고 단순하고 불편한 삶, 시간에 쫓기지 않는 삶, 흙과 농촌을 사랑하는 삶을 추구하는 사람들입니다. 그들 모두가 자연과 평화를 이루어가는 길을 걷고 있습니다. 비록 적은 수이지만, 먼저 깨달은 이들이 평화로운 사회를 향해 허위의 풍요로움을 버리고 자연과 공생하는 삶을 반복적으로 연습하며 끈질기게 살아낸다면, 모두가 골고루 평화롭게 사는 세상에 대한 전망은 그다지 어두운 것만은 아니지 싶습니다.

그날의 평화를 위해, 모든 생명과 평화롭게 공존하는 삶을 연습해봅니다. 오늘 단 하루만큼이라도 자연과 인간 간의 평화로운 공존을 위해, 다음 세 가지 질문에 맞춰 자신이 '하지 않을 것(Don't)과 할 것(Do), 그리고 나눌 것(Share)'을 약속해 봅니다.[12]

— Don't : 나는 자연과 인간 간의 평화로운 공존을 위해 (   )을 하지 않는다.

— Do : 나는 자연과의 인간 간의 평화로운 공존을 위해 (   )을 한다.

— Share : 나는 자연과의 인간 간의 평화로운 공존을 위해 (   )을 나눈다.

오늘 우리 모두는 평화를 갈망합니다. 하지만 갈망만 한다고 반드시 평화가 오지는 않습니다. 남북한 8천만 민족의 만남과 희망, 생명과 평화의 땅으로 변화시키기 위해 애쓰고 있는 '국경선평화학교'[13]나 '한국DMZ평화생명동산'[14]의 활동을 살펴 지지하고 참여해볼 것을 권합니다. 평화는 여럿이 함께 반복해서 연습하고 실천해야만 우리에게 찾아올 것이기 때문입니다. 나의 일상에서 시작된 자연과의 평화로운 공존이 남과 북의 평화로운 공존을 이루고 지금의 기후 위기도 극복할 수 있는 길을 열어줄 것입니다.

---

12) 가. 내가 그린 2022년 '기후 행동' 일상 (접속 2023. 3. 2.)

https://www.greenpeace.org/korea/update/20800/blog-ce-green-goals-2022

나. 경건한 탄소금식 https://blog.naver.com/ecochrist (접속 2023. 3. 2.)의 '경건한 탄소금식21~22'

다. 녹색그리스도인의 상징물건과 매일 묵상구절(접속 2023. 3. 2.)

https://blog.daum.net/ecochrist/754

13) 국경선평화학교 홈페이지 (접속 2023. 3. 2.)

http://www.borderpeaceschool.or.kr/8a7c403e5c824bb690a46a085eb15a45

14) 한국DMZ평화생명동산 홈페이지(접속 2023. 3. 2.) https://dmzecopeace.com/

■ 추가미션 : DMZ, 접경지역 걷기 기도

공부가 다 끝난 후 따로 시간을 내어 '자연과 인간의 공존을 위한 걷기'를 해봅니다. DMZ 접경지역을 찾아가 걸어도 좋고, 그렇지 않아도 무방합니다. 평소 다니던 길이나 가까운 거리에 있는 산책하기 좋은 숲(물)길이어도 좋습니다. 어느 곳이든, 남과 북이 서로 맞닿아 있는 지역에서 자라고 있는 나무들 사이, 남북을 자유롭게 오가는 바람을 느끼면서 걸어봅니다. 걸으며, 바람이 전하는 말도 귀 기울여 봅니다.

걸을 때는 홀로 걷더라도, 함께 마음을 나누었던 이들을 기억하며 한마음으로 걷습니다.

― 걷기 전에 남과 북, 너와 나 사이를 잇는 '평화의 씨앗' 하나를 마음에 품습니다.

― 걸을 때는 한걸음에 '평화', 또 한걸음에 '생명'을 반복하면서 천천히 걷습니다.

― 그리고 걸음을 마칠 때는 다음 문장을 마음에 품고 마무리합니다.

"나는 하늘과 땅을 증인 삼아 평화를 이루어갑니다."

평화는 우리 모두가 '자연과의 평화로운 공존'을 위해 애쓸 때 시작됩니다. 그러나 평화는 일순간에 이루어지는 것은 아닙니다. 일상의 삶 가운데 우리는 계속해서 평화를 연습하고 실천해야 합니다.

수업을 마치며, 가능한 대로 일상에서 교재에 나와 있는 추가 미션을 자신의 일상에서나 별도로 시간을 내서 해보도록 권면해 보시기 바랍니다. 일상의 삶 가운데 우리는 계속해서 **평화를 연습하고 실천해야 합니다.**